dtv

Viele Berufstätige leiden unter Erfolgsdruck, Zeitmangel oder gar Existenzangst. Die Folgen sind Hin- und Hergerissensein zwischen Beruf und Familie, Krankheiten, Scheitern von Beziehungen, Erschöpfung bis hin zum Burn-out. Für Anselm Grün liegt der Lösungsansatz in gelebter Spiritualität. Sie hilft, wieder unterscheiden zu lernen, was einerseits im Berufsleben, auf der anderen Seite im Privatleben wichtig ist. Eine ehrliche Selbstwahrnehmung, persönliche Kraftquellen wie Meditation oder Gebet und »klassische Tugenden« wie eine positive Einstellung und loyales Verhalten können für jeden zur spirituellen Hilfe werden.

Anselm Grün, geboren 1945, ist Benediktinermönch und Autor zahlreicher Bestseller. Der Cellerar der Abtei Münsterschwarzach wird von vielen als geistlicher Berater geschätzt und gehört zu den meistgelesenen christlichen Gegenwartsautoren.

Anselm Grün

Leben und Beruf

Eine spirituelle Herausforderung

Deutscher Taschenbuch Verlag

Von Anselm Grün
sind im Deutschen Taschenbuch Verlag
erschienen:

Menschen führen – Leben wecken (34277)
Damit dein Leben Freiheit atmet (34392)
Ich wünsch dir einen Freund (34441)
Du bist ein Segen (34474)

Ungekürzte Ausgabe
März 2009
Deutscher Taschenbuch Verlag GmbH & Co. KG,
München
www.dtv.de
© 2005 Vier-Türme GmbH-Verlag, 97359 Münsterschwarzach Abtei
Alle Rechte vorbehalten.
Umschlagkonzept: Balk & Brumshagen
Umschlagfoto: Peter Schinzler
Satz: Filmsatz Schröter GmbH, München
Druck und Bindung: Druckerei C. H. Beck, Nördlingen
Gedruckt auf säurefreiem, chlorfrei gebleichtem Papier
Printed in Germany · ISBN 978-3-423-34534-7

Inhalt

Einleitung 7

Empfinden und wahrnehmen –
Mensch sein im Berufsalltag 11

    Druck 13

    Ängste 18

    Sorgen 26

    Frust 29

    Zeitnot 31

    Fremdsteuerung 36

    Selbstverlust 42

    Schuld und Schuldgefühle 45

        Materielle Schulden 45

        Persönliche Schuld 46

        Vergebung 50

        Erschöpfung und innere Leere 53

Verantworten und entscheiden –
Schwierige Situationen bestehen 59

    Verantwortung und Rechenschaft 61

    Entscheidungen treffen 67

    Erfolg und Mißerfolg 73

    Gewissenskonflikt 79

    Gemeinschaft, Kollegialität und Loyalität 83

    Umgang mit Konflikten 86

        Konflikte zwischen Mitarbeitern 86

        Eigene Konflikte 88

Umgang mit Widerständen   89
Konkurrenzkampf   92
Mobbing   96
Umgang mit kranken Mitarbeitern 100
Mitarbeiter entlassen 102

Christliche Spiritualität im Beruf leben 107
Vertrauen 109
Achtsamkeit 113
Gleichgewicht von Beruf und Privatleben 118
Sprache 124
Werte 128

Berufliches Handeln als spirituelle Herausforderung . . 131

Literatur 141

Einleitung

Leben und Beruf werden heute immer mehr zu Gegensätzen. Oft frißt der Beruf unsere Zeit, die uns zur Verfügung steht. Dadurch bleibt immer weniger Zeit für das private Leben. Und auch die Zeit, die uns dann zu Hause bleibt, wird immer mehr von den Sorgen aus dem Berufsleben bestimmt. Der Beruf zehrt an unserer gesundheitlichen Substanz und raubt uns Lebensqualität. Unsere Beziehungen zum Ehepartner oder Lebensgefährten, zu den Kindern, zu Freunden leiden. Es bleibt einfach nicht genügend Zeit und Energie, diese Beziehungen zu pflegen.

Jeder, der im Beruf steht, kennt die Spannung zwischen Beruf und Leben. Vor allem aber Verantwortliche und Führungskräfte leiden darunter, daß der Beruf sie immer mehr bestimmt. Sie haben nicht den Eindruck, daß sie ein gutes Leben führen, können aber auch nicht aus dem Teufelskreis der Überforderung aussteigen. Tatsache ist: Neben dem Beruf braucht es den Bereich, in dem wir einfach nur leben und uns lebendig fühlen. Dieses Leben kann und sollte dann auch auf den Beruf ausstrahlen. Wenn wir uns allerdings nur noch am Feierabend lebendig fühlen und nicht in der Arbeit, dann läuft ebenso etwas verkehrt.

In vielen meiner Gespräche mit Führungskräften ging es darum, wie man nun den Beruf und das persönliche Leben miteinander verbinden kann, wie man im Beruf als Mensch überleben und seinen Beruf mit mehr Leben füllen kann. Dabei stand nicht nur die Frage im Vordergrund, wie es möglich ist, trotz des Berufs gut zu leben, sondern vielmehr, wie das berufliche Engagement einen Menschen in seiner persönlichen Entwicklung weiterbringen und so sein persönliches Leben bereichern kann.

Auf der anderen Seite habe ich aber auch immer wieder Menschen getroffen, für die Leben und Beruf keineswegs getrennt waren. Sie fühlten sich im Beruf lebendig. Für sie war ihr Beruf ein wesentlicher Teil ihres Lebens. Und trotzdem sind sie nicht einfach im Beruf aufgegangen, sondern konnten durchaus ihr Leben genießen. Diese Menschen litten nicht an der Spannung zwischen Beruf und Leben, sondern nutzten die Spannung, damit sie sich in beiden Bereichen wohl fühlen konnten. Es stellt sich nun die Frage, wie man zu einer solchen »ausgeglichenen Spannung« kommen kann.

Mein erstes Buch zu diesem Thema, ›Menschen führen – Leben wecken‹, das ich vor mittlerweile über zehn Jahren geschrieben habe, hat sehr großen Anklang gefunden. Inzwischen sind sehr viele Menschen in Führungspositionen auf mich zugekommen. Unsere Gespräche kreisten immer wieder um das Thema Leben und Beruf. Hierbei tauchten oft konkrete Probleme aus der Berufs- und Arbeitswelt auf, die das persönliche Leben der einzelnen belasten. Mit diesem Buch möchte ich nun versuchen, Antworten auf die vielen Fragen zu geben, die mir in diesen Gesprächen immer wieder gestellt wurden. Insgesamt berühren meine Antworten immer auch die spirituelle Dimension unseres Lebens. Für mich ist die Spiritualität ein guter Weg, mit den alltäglichen Problemen umzugehen. Immer mehr Menschen – und vor allem diejenigen, die im Beruf Verantwortung tragen – entdecken heute, daß die Spiritualität ihnen helfen kann, ihre Arbeit zu bewältigen und sich den Herausforderungen zu stellen, ohne davon überfordert zu werden. Zugleich führt die Spiritualität im Berufsleben nach wie vor eher ein Schattendasein. Man spricht nicht darüber. Schließlich möchte man nicht als fromm erscheinen. Viele haben Angst, von dem zu sprechen, was sie wirklich bewegt, und dadurch verwundbar zu werden. Lieber tun sie so, als ob alles kein Problem ist.

Vor allem Verantwortliche stöhnen unter der Last, die ihnen die Führungsaufgabe bereitet. Wie kann da die Spiritualität weiterhelfen? Wird ihnen damit nicht nur eine weitere Last aufgebürdet? So wie ich Spiritualität verstehe, bedeutet sie keine zusätzliche Mühe neben meiner Berufsarbeit, sondern vielmehr eine Quelle, aus der heraus ich leichter und besser meine Arbeit erfüllen kann. Sie ist eine Quelle, die mir Energie schenkt für mein tägliches Tun. Gerade wenn ich mich überfordert fühle, wenn ich abgehetzt und bedrückt bin, hilft mir der spirituelle Weg, an die erfrischende Quelle des göttlichen Geistes zu kommen, die in mir sprudelt, und dort Stärkung, Belebung und Klärung zu erfahren. Schließlich sollte der Beruf nicht allein das Leben bestimmen oder uns gar am Leben hindern.

Eine große Zahl beruflich engagierter Menschen nimmt sich heute eine regelmäßige Auszeit in Klöstern und sucht dort Rat, wie sie mit ihrem Leben und ihrem Beruf besser zurechtkommen kann. Diese Tatsache zeigt, daß Spiritualität im Berufsleben immer wichtiger wird, gerade in der jetzigen Zeit voller Umbrüche. Viele fragen sich auch: Was ist wesentlich? Was bleibt? Worauf kann ich mich immer beziehen? Was hat sich im Umgang miteinander bewährt? Auf welche Werte kann ich setzen? Wie kann ich meine Verantwortung wahrnehmen, ohne mich zu verbiegen, ohne mir meine Lebensqualität nehmen zu lassen? Aus welcher Quelle schöpfe ich, um den Anforderungen des Alltags zu genügen?

Ich kann auf diese Fragen keine Patentlösungen geben. Ich möchte nur aus meiner Erfahrung als Seelsorger und aus meiner mehr als dreißigjährigen Tätigkeit als wirtschaftlicher Leiter der Abtei Münsterschwarzach mit rund 300 Angestellten heraus Antworten geben, die mir selbst helfen, Beruf und Leben zu verbinden. Dieses Buch ist gedacht für Männer und Frauen, die in beruflicher Verantwortung stehen und die spüren, daß eine reine Erfolgsorientierung nicht weiterhilft. Sie suchen nach einer spirituellen Orientierung, wissen aber oft nicht so recht, wie ihnen die Spiritualität helfen könnte, die Herausforderungen ihres beruflichen Alltags und ihrer Führungsaufgabe zu bewältigen.

Gerne möchten diese Menschen die Spiritualität in ihr Leben integrieren, haben aber noch keinen angemessenen Weg gefunden, dies zu tun. Ihnen soll dieses Buch helfen, Spiritualität und Beruf miteinander zu verbinden. Dabei geht es um eine Spiritualität, die keine Flucht ist vor den Herausforderungen des Berufs, sondern eine Quelle, um im Beruf seinen Mann oder seine Frau zu stehen, ohne die eigene Authentizität zu verlieren. In diesem Sinne möchte ich suchenden Frauen und Männern in beruflicher Verantwortung beistehen, damit sie für sich einen gangbaren Weg finden, ihren Aufgaben aus christlicher Gesinnung heraus gerecht zu werden. Und ich möchte die Leser und Leserinnen ermutigen, auf ihrem persönlichen und spirituellen Weg weiterzugehen, den Beruf zu bewältigen und das Leben sowohl im Beruf als auch im persönlichen Bereich zu finden und dabei neue Lust am Leben zu erfahren. Ich wünsche allen Lesern eine fruchtbringende Lektüre, neue Einsichten über sich selbst und ihr (Berufs-)Leben und Gottes Segen für ihre Arbeit und ihren persönlichen Weg.

Empfinden und wahrnehmen –
Mensch sein im Berufsalltag

Druck

Ein junger Abteilungsleiter wird von seinem Chef unter Druck gesetzt, da er angeblich mit seiner Abteilung die für die ganze Firma geltenden Leistungsziffern nicht erfüllt. Der Chef macht ihm klar, daß er zusehen müsse, daß im nächsten Jahr die erwartete Leistung vollbracht werde. Außerdem müsse er 5 Prozent der Kosten einsparen. Wie er das macht, sei seine Sache.

Ein Bauunternehmer leidet unter der schlechten Baukonjunktur. Die Preise fallen in den Keller. Um wettbewerbsfähig zu bleiben, steht er unter dem Druck, seine Arbeiter zu höherer Leistung antreiben zu müssen. Er braucht die Aufträge, denn er möchte seine Arbeiter schließlich bezahlen können. Oft kann er nicht schlafen, weil er keine Lösung weiß, wie er die Firma durch die schwierige Situation führen und retten könnte.

Wie sollen die beiden Führungskräfte mit dem Druck umgehen, dem sie sich von außen ausgesetzt sehen? Viele fühlen sich von diesem Druck überfordert. Er zeigt sich besonders in der Unfähigkeit einzuschlafen. Nachts schrecken sie hoch oder der Druck verfolgt sie im Traum. Und hellwach grübeln sie, was sie tun sollten. Doch es fällt ihnen nichts ein. Der Druck ist einfach zu groß. Der Abteilungsleiter in unserem Beispiel will den Druck, den sein Chef auf ihn ausübt, nicht in gleicher Schärfe weitergeben, denn er weiß, daß er seine Mitarbeiter nicht endlos motivieren kann. Und er weiß, daß er sich nur unbeliebt macht, wenn er den Druck immer mehr erhöht. Irgendwann wird er dann entsprechenden Gegendruck von der Belegschaft her erfahren. So sieht er sich zwischen zwei Pole eingezwängt. Die Erwartungen sind nicht zu erfüllen.

Dem Bauunternehmer im zweiten Beispiel widerstrebt es, schlampige Arbeit abzuliefern oder mit Tricks zu seinem Geld zu kommen, indem er hohe Nachforderungen für nicht vorhersehbare Arbeiten stellt. Was er auch tut, er findet keinen Ausweg, dem Druck zu entfliehen.

Diese oder ähnliche Situationen belasten viele Führungskräfte. Doch es gibt durchaus Möglichkeiten, mit dem Druck umzugehen: Zunächst hat es keinen Sinn, den Druck zu leugnen. Er ist einfach da. Es bringt nichts, die Augen davor zu verschließen. Man muß sich ihm stellen. Aber zugleich gilt es, den inneren Abstand zu den Anforderungen zu bewahren, die an einen gestellt werden und die man an andere weitergeben soll. Man muß für sich selbst entscheiden, inwieweit man die Erwartungen von oben her erfüllen soll und wo man sie besser relativiert. Und dann darf man den Druck nicht einfach eins zu eins weitergeben. Besser ist es zu überlegen, wie eine Leistungssteigerung auf andere Weise erreicht werden kann. Das muß nicht immer über noch mehr Druck gehen. Oft braucht es vielmehr Phantasie und Kreativität, damit man mehr Erfolg hat. Das wirkt sich entsprechend auch auf die Kollegen und Mitarbeiter aus, denn wenn die Leistungsziffern erreicht werden, ohne daß jemand entlassen werden muß und ohne daß Überstunden verlangt werden, macht allen der Erfolg Spaß. Das Gefühl, unterdrückt oder ausgenutzt zu werden, verschwindet.

Wie jemand auf den Druck von außen reagiert, hängt auch davon ab, ob er sich auch sonst leichter unter Druck setzt beziehungsweise setzen läßt. Es gibt Menschen, die setzen sich bei jeder Arbeit unter Druck. Sie möchten die Arbeit perfekt abliefern. Sie möchten unbedingt die in sie gesetzten Erwartungen erfüllen. Sie arbeiten nicht aus sich heraus, sondern sind bei allem, was sie tun, auf die anderen und ihre Erwartungen oder auf die eigenen hohen Ansprüche, die sie an sich selbst stellen, fixiert. Letztlich ist dieser Druck, den man sich selbst macht, Ausdruck von innerer Unsicherheit und Selbstablehnung: Ich bin nicht gut, so wie ich bin, sondern nur dann, wenn ich das erreiche, was ich mir vorgenommen habe.

Viele machen ihr Selbstwertgefühl von der Erfüllung der eigenen Erwartungen abhängig. Mit diesem Druck, dem man sich selbst aussetzt, schadet man sich jedoch, indem man sich überfordert – und preßt aus seinem Leib und seiner Seele etwas heraus, was gar nicht drin ist. Die richtige Antwort wäre, daß jeder sein eigenes Maß entdeckt, sich fragt, warum er sich eigentlich so unter Druck setzt, und ein Gespräch mit dem Druck beginnt: Dann wird er einen auf vieles andere in der eigenen Seele hinweisen, auf mangelndes Selbstvertrauen, auf die Angst, nicht gut genug zu sein, auf die Erwartungen der Eltern. Indem man den Druck versteht, kann man ihn relativieren. Der Druck ist zwar nicht weg, aber er lastet nicht mehr so drückend auf einem.

Ebenso kann Druck durchaus zur Kreativität anspornen. Dann wirkt er wie eine positive Herausforderung. Wenn der Druck dagegen wie ein Damoklesschwert über einer Führungskraft und deren ganzer Abteilung hängt, dann lähmt er und erzeugt Angst. Oft werden dann Mitarbeiter krank und können erst recht weniger leisten. Wer auf den Druck fixiert ist und die Erwartungen absolut setzt, fühlt sich ausgenutzt und überfordert. Die Motivation sinkt. Und häufig tritt hier das Gefühl der Hilflosigkeit und Ohnmacht hinzu – ein Zustand, der zur Bitterkeit führt und den inneren Schwung raubt. So kann der Druck kontraproduktiv werden. Er wird nicht zu mehr Leistung motivieren, sondern auf Dauer zu weniger.

Neue Lösungen können entstehen, indem man dem Druck quasi sportlich antwortet. Aber hier braucht es zugleich ein gutes Maß an Mut, den entstandenen Druck zu relativieren und sich einzugestehen, daß beispielsweise die Leistungsziffern in meiner Abteilung so wie vorgegeben einfach nicht erreicht werden können – zumindest zum aktuellen Zeitpunkt nicht. In diesem Moment ist es notwendig, den Vorgaben von oben zu widersprechen und sich nicht einfach dem Druck zu beugen. An diesem Punkt haben jedoch viele Angst, sich zu widersetzen, denn das könnte sie ja ihren Job kosten.

In der Geschichte von der Ehebrecherin, die die Pharisäer zu Jesus bringen, zeigt Jesus, wie er mit solchem Druck umgeht. Ganz gleich, wie er auf die Alternative der Pharisäer antwortete, er würde immer verlieren. So fühlen sich auch viele Führungskräfte: Ganz gleich, was sie machen, sie werden entweder nach oben oder nach unten hin verlieren. Sie werden entweder den Job verlieren oder sich bei ihren Untergebenen unbeliebt machen. Was soll man da tun? Jesus taucht hier einfach ab. Er beugt sich auf den Boden und schreibt in den Sand. Man könnte sagen: er macht Brainstorming. Und da er abtaucht, taucht in ihm auf einmal eine kreative Lösung auf. Er richtet sich auf und schleudert den Pharisäern einen Satz entgegen, dem keiner widerstehen kann: »Wer von euch ohne Sünde ist, werfe als erster einen Stein auf sie.« (Joh 8,7) Wie Jesus müssen wir uns in einer solchen Situation dem Druck entziehen und auf eine tiefere Ebene gehen. Dort kommen wir in Berührung mit der kreativen Quelle in uns. Und von da tauchen manchmal Lösungen auf, mit denen wir – dem Druck von oben und unten ausgesetzt – nicht gerechnet haben.

Ein anderes Problem ist, daß sich viele vom Druck auch im privaten Bereich verfolgen lassen. Eine Hilfe, die beruflichen Probleme daheim abzuschütteln, könnte sein, gute Rituale zu entwickeln. Rituale schließen eine Tür und öffnen eine andere Tür. Das bedeutet, ich muß die Tür der Arbeit mit ihren Problemen immer erst schließen, bevor sich die Tür des Daheims öffnet. Rituale helfen dabei gleichsam als eine heilsame Unterbrechung. Sie schaffen einen Freiraum, der mir gehört, eine heilige Zeit, die ich von den beruflichen Problemen nicht bestimmen lasse. Wenn ich mir am Morgen beispielsweise bewußt Zeit nehme, um zu meditieren oder zu joggen, dann wird mich am Morgen nicht der Druck bestimmen, der mich in der Arbeit erwartet, sondern ich konzentriere mich auf mich selbst. Nach der Arbeit könnte eine kurze Meditation helfen, im Ausatmen den Druck der Arbeit loszulassen. Dann werde ich nicht niedergedrückt, sondern aufrecht nach Hause kommen. Das Ritual bringt mich in Berührung mit mir selbst. Ich bin bei mir, mit mir im Einklang. Je mehr ich bei mir bin und mich spüre, desto weniger werde ich vom Druck bestimmt. Wenn ich in den täglichen Ritualen immer wieder den inneren Freiraum spüre, kann ich mich dem Druck wieder stellen, der mich in der Arbeit erwartet – aber nun auf sportliche Art. Der Druck hat mich nicht im Griff, sondern ich antworte ihm auf meine persönliche Weise.

Ängste

Bei einem Vortrag vor Führungskräften sagte ein Mann, der lange ein Unternehmen geleitet hatte und nun pensioniert war: »Angst ist doch unser aller Thema. Aber solange ich Chef war, habe ich mich nicht getraut, über Angst zu reden, und meine Kollegen auch nicht. Aber heute reden wir alle darüber, daß uns die Angst ständig begleitet hat.«

Die Ängste, die Führungskräfte beschleichen, können vielfältig sein. Da ist die Angst, das Unternehmen nicht durch die Krise zu bringen. Oder es ist die Angst, den Anforderungen der Arbeit nicht mehr gewachsen zu sein, krank zu werden, nicht mehr zu können. Oder es ist die Angst, den Erwartungen der Vorgesetzten nicht zu entsprechen und die Arbeit zu verlieren. Viele, die in beruflicher Verantwortung stehen, haben Angst vor der Beurteilung durch andere, nicht nur vor der Einschätzung durch den Chef, sondern auch durch die Mitarbeiter, die sie zu führen haben. So versuchen sie, es allen recht zu machen, damit sie nur ja bei allen in einem guten Licht erscheinen. Andere haben Angst, daß sie die Entwicklung auf dem Markt nicht mitbekommen und nicht schnell genug auf die Veränderungen reagieren können. All diese Ängste könnte man als Versagensängste bezeichnen.

Am häufigsten begegne ich aber dem Phänomen der Existenzangst. Die Zeitschrift ›Psychologie heute‹ hat im Jahr 2004 einen eigenen Artikel über das Thema der Existenzängste veröffentlicht und weist darauf hin, daß diese Art der Ängste noch viel zu wenig im Blickfeld der Forschung steht. »Wer Existenzängste hat, nimmt seine gesamte Lebensgrundlage als bedroht wahr. Die Bedrohung kann körperlich, psychisch, finanziell oder auch sozial sein.« (Psychologie heute, 2004, S. 11, 21) Selbst Führungskräfte, die anscheinend einen sicheren Posten innehaben, können heute keine Garantie für ihren Job erwarten. Die Firma könnte Konkurs anmelden. Oder sie wird von einer größeren Firma übernommen. Obwohl die Führungskräfte gut gearbeitet und die Firma auf Erfolgskurs gebracht haben, können auch sie über Nacht die Arbeit verlieren, weil ein neuer Besitzer alles umstrukturiert und die Hälfte der Mitarbeiter entläßt. Das bedeutet, nicht einmal durch eine konstant gute Leistung kann man sich heute seinen Job sichern. Man ist so vielen unwägbaren Einflüssen ausgesetzt und weiß nicht, was in fünf Jahren mit der Firma und mit einem selbst geschehen wird. Selbst ein Firmenchef hat Angst, daß er Insolvenz anmelden muß und damit alles gefährdet, was er ein Leben lang aufgebaut hat.

Viele reagieren auf die Bedrohung ihrer Existenzgrundlage mit einer passiven Strategie. Sie verdrängen ihre Existenzängste, sagen sich, daß es schon irgendwie wieder besser wird. »Bei ihnen türmen sich die ungeöffneten Briefe mit Rechnungen und Mahnungen.« (Ebd., S. 22) Doch Verdrängung befreit nicht von Existenzangst. Die Angst quält weiter. Diese Menschen werden von der schwierigen Situation bestimmt, fühlen sich getrieben und gejagt. Besser ist hier eine aktive Strategie: die Angst bewußt anzuschauen und darauf zu reagieren. Das bedeutet, einen Schritt zurückzutreten, sich von der Angst zu distanzieren, die schwierige Situation zu analysieren und nach Lösungen für die Zukunft zu suchen.

Einer weiteren Angst begegne ich im Gespräch mit Managern und Managerinnen ebenfalls immer wieder: Es ist die Angst vor dem Kontrollverlust. Führungskräfte haben an sich den Anspruch, daß sie sich immer kontrolliert verhalten müssen. Sie wollen ihre Emotionen unter Kontrolle halten. Es wäre ihnen geradezu peinlich, wenn sie in einer Diskussion die Beherrschung verlieren würden. Nach außen hin wollen sie immer selbstsicher und cool erscheinen. Keiner sollte ihre Schwächen wahrnehmen. Die Angst vor dem Kontrollverlust kann sich aber auch auf die Firma oder auf die Abteilung, die sie leiten, beziehen. Sie möchten immer alles wissen, was in der Abteilung gerade läuft. Wenn sich dann Konflikte häufen oder manche Mitarbeiter Unzufriedenheit äußern, haben sie den Eindruck, sie hätten ihre Gruppe nicht mehr im Griff. Alles könnte ihnen aus der Hand gleiten. Es werden sofort Ängste wach, alles könne sich ihrer Kontrolle entziehen und zusammenbrechen.

Wie gehe ich mit der Angst um? Man kann sie nicht verdrängen, ihr darf aber auch nicht zuviel Macht zugestanden werden. Sonst hat sie einen völlig im Griff. Der erste Schritt ist, sich seine Angst einzugestehen und sie als Teil von sich anzunehmen. Ich erlebe viele Manager, die meinen, sie seien krank, weil sie von Ängsten geplagt werden. Sie haben den Eindruck, als Führungskraft dürften sie keine Angst haben. Wer aber Angst hat, kann nicht mehr richtig führen. Doch solche Gedanken entpuppen sich als unmenschlich. Angst gehört zum Menschen. Wenn der Mensch keine Angst hätte, besäße er auch kein Maß. Er würde zügellos weiter investieren und unbeherrscht mit seiner Zeit und Kraft umgehen. Angst hat immer einen Sinn. Ich muß freundlich mit ihr umgehen. Und vor allem muß ich damit aufhören, mich selbst zu pathologisieren und mich als krank anzusehen, nur weil Angst in mir auftaucht. Sie darf sein. Und es ist gut, daß sie da ist.

Wer sich die Angst verbietet, der gerät oft in Panik, wenn die Angst trotzdem auftaucht. Und dann gibt es einen Teufelskreis. Man hat Angst vor der Angst, und dadurch wird sie immer stärker. Das Gespräch mit der Angst dagegen läßt die Angst oft von alleine kleiner werden. Dabei kann jeder mit der Angst wie mit einer Person sprechen. Die Angst bekommt ein Gesicht und verliert ihre alles durchdringende Macht. Darin besteht der zweite Schritt. Man könnte die Angst zum Beispiel fragen:

- Wem giltst du?
- Vor wem oder vor was läßt du mich zurückschrecken?
- Was könnte geschehen?
- In welchen Situationen tauchst du auf?
- Gibt es bestimmte Menschen, die mir Angst machen?
- Wirst du stärker, wenn ich überfordert bin, wenn ich zuviel gearbeitet habe?
- Kenne ich deine Anzeichen? Kann ich dagegen angehen?
- Habe ich Angst vor der Angst?

Ein dritter Schritt besteht darin, die Ursachen der Angst zu erforschen. Sind es angstvolle Erfahrungen in der Kindheit, die Angst auslösen? Es gibt Menschen, die als Kind verlassen worden sind. Sobald ein Verlust droht, taucht die alte Angst wieder in ihnen auf und hat sie im Griff. Oder sind es falsche Grundannahmen, die einem angst machen? Manche Menschen haben Angst, sich zu blamieren oder einen Fehler zu machen, weil sie in sich die Grundannahme gespeichert haben: »Ich darf keinen Fehler machen, sonst bin ich nichts wert. Ich darf mich nicht blamieren, sonst werde ich ausgelacht, sonst halten mich die anderen für verrückt, für krank.« Indem ich mir solche Grundannahmen vorsage, merke ich, daß sie nicht stimmen – und kann mich von ihnen verabschieden.

Ein vierter Schritt, auf Angst zu reagieren, ist, sich zuzugestehen, wovor man Angst hat. Ich male mir dabei aus, was passieren könnte, wenn das angstbesetzte Ereignis eintreten würde: Ich mache zum Beispiel einen Fehler. Ich blamiere mich. Ich verspreche mich. Ich verliere den Faden. Und dann frage ich mich: Ist das wirklich so schlimm? Was könnte denn passieren? Wahrscheinlich wird der Chef mich tadeln. Doch hängt davon wirklich meine Existenz ab? Woher definiere ich mich? Vom Urteil der Menschen oder letztlich von Gott?

Manche haben Angst, daß sie in einer Sitzung unsicher werden, zu schwitzen oder zu zittern anfangen. Und so verbrau-

21

chen sie bereits viel Energie, um das Schwitzen und Zittern zu vermeiden. Wenn ich mir andererseits erlaube, zu schwitzen oder zu zittern, verliert sich die Angst davor. Man darf doch schwitzen. Jeder hat Gefühle und darf sie auch zeigen. Jeder darf auch mal unsicher sein. Dieses Erlauben der Angst ist kein billiger Trick. Dahinter steht ein anderes, ehrlicheres Selbstbild, kein unmenschliches Ideal, das man sich überstülpt, sondern das Bild eines Menschen, der sein darf, wie er ist, der in sich gut ist, der auch Schwächen zeigen darf.

Der fünfte Schritt, mit der Angst umzugehen, besteht darin, die Angst zu Ende zu denken. Ich gestehe mir ein: »Ich habe Angst vor Versagen. Ich habe Angst vor Krankheit, vor dem Tod.« Aber ich bleibe dabei nicht stehen, sondern gehe weiter. Ich stelle mir vor, daß ich mit meinem Versagen, mit meiner Krankheit und im Tod in Gottes guter Hand bin. Es kommt nicht darauf an, keine Angst zu haben, sondern daß ich mich von ihr zu Gott führen lasse. Wenn ich meine Angst zu Ende denke, verweist sie mich letztlich auf mein eigentliches Fundament, auf dem ich meine Identität baue: auf Gott, den tiefsten Grund meines Lebens. Die Angst zeigt mir letztlich, was wirklich trägt. Nicht irgendwelche Methoden, die mich vor der Angst bewahren, helfen mir. Ebenfalls sind auch die Menschen, die mich gut beurteilen, keine Grundlage, auf der ich mein Leben aufbauen kann. Im Tiefsten trägt mich nur Gott.

Jesus hat das in einem schönen Gleichnis beschrieben. Ein kluger Mann baut sein Haus auf Fels. »Als nun ein Wolkenbruch kam und die Wassermassen heranfluteten, als die Stürme tobten und an dem Haus rüttelten, da stürzte es nicht ein; denn es war auf Fels gebaut.« (Mt 7,25) Wenn jemand sein Haus auf den Felsen Gottes baut, können die Stürme von außen um ihn toben. Die Emotionen der Vorgesetzten können auf mich einstürmen oder das Unbewußte kann mich überschwemmen. Doch mein Haus wird nicht zusammenbrechen. Die Meinungen und Urteile der anderen können mir letztlich nichts anhaben. Sie rütteln nur an dem Haus. Sie betreffen meine Emotionen, aber nicht das Fundament meines Hauses, denn ich definiere mich von Gott her. Natürlich macht es mir etwas aus, wenn mich jemand kritisiert oder ablehnt. Das verletzt mich. Und manchmal spüre ich die Angst vor dem Urteil bestimmter Menschen. Aber ich sage mir dann: Die Verletzungen dringen nur in mein Herz, aber sie können dem Fundament nichts anhaben. Sie tun zwar weh, aber sie dringen nicht in das Haus ein. Die Urteile bleiben außen. Zum inneren Raum haben sie keinen Zutritt.

Wer jedoch sein Haus auf Sand baut, bei dem stürzt es schnell ein, sobald die Stürme an seinem Haus rütteln, sobald ihn jemand verletzt, sobald sich die Emotionen anderer über ihm wie ein Wolkenbruch ergießen. Letztlich verweist jede Angst mich auf den inneren Raum der Stille, in dem Gott in mir wohnt. Dort hat die Angst keinen Zutritt. Ich spüre sie in meinem Herzen, aber nicht in dem inneren Heiligtum. Die frühen Mönche raten uns, uns vor der Angst zu Gott zu flüchten. Sie meinen damit den Ort Gottes in unserer Seele, den Raum des Schweigens, in dem Gott in uns wohnt. In diesem Raum verfolgt uns die Angst nicht. In jedem von uns gibt es diesen Raum der Stille, aber oft sind wir von diesem Raum abgeschnitten. Es bedarf der Einkehr und der Meditation, um wieder mit diesem inneren Ort in uns in Berührung zu kommen. Dort haben die Menschen mit ihren Erwartungen und Ansprüchen keinen Zutritt. Dort haben auch meine Ängste und Sorgen keinen Zutritt. Dort bin ich ganz frei, ganz ich selbst. Die Altväter sprechen vom heiligen Raum in mir. Das Heilige ist das, was der Welt entzogen ist, worüber die Welt nicht verfügen kann. Und allein das Heilige – so sagten schon die Griechen – vermag uns zu heilen. Dort in dem heiligen Raum sind wir heil und ganz.

Was die frühen Mönche von ihrer Erfahrung mit ihren Emotionen und als hilfreichen Umgang mit der Angst entdeckt haben, das nennt in unserer Zeit Roberto Assagioli, ein italienischer Psychiater, Dis-Identifikation. Er hat diese Methode nicht nur im Umgang mit der Angst entwickelt. Aber gerade bei der Angst zeigt sie sich als besonders hilfreich. Man beobachtet hierbei die Angst, die in einem aufsteigt und einem die Kehle zuschnürt. Man arbeitet nicht dagegen, sondern nimmt sie einfach wahr und stellt sich dann vor: Der Teil in mir, der die Angst beobachtet, ist selbst nicht mehr von der Angst beherrscht. Assagioli nennt diesen inneren Kern den unbeobachteten Beobachter. Und er rät uns, uns selbst zu sagen: »Ich habe Angst, aber ich bin nicht meine Angst.« Durch diese Methode relativiert sich die Angst. Man steht nicht mehr unter dem Leistungsdruck, sie loswerden zu müssen. Sie darf sein, aber sie hat einen nicht im Griff.

Ein sechster Weg besteht darin, die Angst Gott hinzuhalten. Ich setze mich still vor Gott und lasse die Angst zu. Aber ich denke nicht über die Angst nach. Ich will sie nicht loswerden. Ich halte sie vielmehr Gott hin. Ich stelle mir vor, daß Gottes Licht und Liebe in meine Angst eindringen und sie verwandeln. Ich lasse meine Ohnmacht zu, die Angst nicht abschütteln zu können. Indem ich die Angst vor Gott sein lasse, relativiert sie sich. Vor dem Gott, der mich trägt mit meiner Angst, verliert die Angst das Bedrohliche. Ich bin mit meiner Angst in Gott geborgen und von Gott getragen.

Wer es möchte, kann vor Gott dann auch ganz langsam einen Psalmvers sprechen. Das ist eine Methode, die bereits die frühen Mönche geübt haben. Es ist die sogenannte antirrhetische Methode. Sie geht davon aus, daß auch unsere Angst sich in Worten ausdrückt wie etwa: »Ich habe Angst. Das kann ich nicht. Da blamiere ich mich. Was denken die anderen von mir?« In diese Gedanken und Worte spricht man den Psalm 118 hinein: »Der Herr ist mit mir. Ich fürchte mich nicht. Was können Menschen mir antun?«

Solche Worte aus der Bibel sollen die Angst nicht vertreiben. Aber wenn man sie in seine Angst hinein spricht, wird sich die Angst langsam verwandeln. Keiner von uns hat nur Angst und keiner nur Vertrauen. Wir haben immer beide Pole in uns. Doch oft sind wir fixiert auf die Angst. Indem wir das Wort der Bibel in unsere Angst sprechen, kommen wir in Berührung mit dem Vertrauen, das auf dem Grund unserer Angst schon in uns ist. Das Wort weckt das Vertrauen in uns auf, das in uns gleichsam eingeschlafen war. Und so kann es sich mehr und mehr in unserer Seele ausbreiten. Die Bibel ist voll von Vertrauensworten. 365mal steht darin das Wort »Fürchte dich nicht«. Für jeden Tag möchte uns die Heilige Schrift einen Weg aus der Angst zeigen. Je mehr sich die heiligen Worte in uns einprägen, desto weniger Macht bekommen die oft verletzenden und ängstigenden Worte aus unserer Umgebung.

Eine Psychologin, die an Krebs erkrankt und währenddessen mit vielen Ängsten konfrontiert war, erzählte mir, daß es für sie ein hilfreicher Weg sei, sich der Angst hinzugeben. Das klang für mich zunächst fremd, denn wenn ich mich der Angst hingebe, habe ich nichts mehr, was mich von ihr trennt. Diese Frau konnte jedoch die Erfahrung machen, daß die Hingabe an die Angst sie zu einem tiefen inneren Frieden führte. Die Angst, von der wir befürchten, daß sie immer mehr nach uns greift, wird auf diese Weise zur Führerin zum inneren Frieden. Letztlich können wir sagen: Die Angst wird zur Begleiterin auf dem Weg zum Seelengrund, in dem Gott selbst in uns wohnt und uns mit seinem Frieden erfüllt. Wenn ich die Angst als Führerin auf dem Weg zu Gott verstehe, verliert sie das Bedrängende. Ich söhne mich aus mit ihr. Sie gehört zu mir. Sie hält mich wach und verweist mich immer wieder auf den Grund meiner Existenz, auf Gott, der mich mit meiner Angst in seiner guten Hand hält und meine Angst im Tiefsten beruhigt.

Sorgen

Wenn ich mich mit Führungskräften unterhalte, treffe ich selten auf innerlich zufriedene und gelassene Menschen. Sie alle machen sich Sorgen, wie es weitergeht. Das deutsche Wort »Sorge« hat zwei Bedeutungen. Die erste Bedeutung ist Kummer, Gram, Krankheit. Wer sich Sorgen macht, der geht oft mit einem betrübten Gesicht herum. Sorgenfalten haben sich auf seiner Stirn gebildet. Sorgen sind quälende Gedanken, die man sich macht. Oft genug sind sie auch mit Angst vermischt. Wenn es einem schlechtgeht, sagen wir oft: Er hat große Sorgen. Er macht sich Sorgen um seinen Sohn, der das Examen nicht geschafft hat und sein Leben nicht bewältigt. Sorgen rauben uns die Ruhe. Sie lassen uns nicht schlafen. Martin Heidegger, der Philosoph aus dem Schwarzwald, hat den Menschen wesentlich als den definiert, der um seine Existenz besorgt ist. Dasein ist Sorge. Die zweite Bedeutung von Sorge meint: die Bemühung um Abhilfe. Ich sorge beispielsweise dafür, daß Pannen nicht mehr passieren. Ich sorge dafür, daß es besser läuft.

Jesus ruft uns im Evangelium zur Sorglosigkeit auf: »Sorgt euch nicht um euer Leben und darum, daß ihr etwas zu essen habt, noch um euren Leib und darum, daß ihr etwas anzuziehen habt.« (Mt 6,25) Und er verweist auf die Vögel des Himmels, die sich nicht um Vorräte sorgen und trotzdem von Gott ernährt werden. Und er verweist auf die Lilien des Feldes, die nicht arbeiten und spinnen und dennoch von Gott wunderbar gekleidet werden.

Wenn Menschen in verantwortlicher Stellung diese Worte Jesu hören, ärgern sie sich oft. Sie meinen, das sei naiv. Sie müßten sich um ihre Aufträge kümmern, sie müßten sich Sorgen machen, damit die Firma weiterhin gut arbeiten könne. Sicher will Jesus uns nicht dazu verleiten, unsere Verantwortung für andere aufzugeben und nur um uns selbst zu kreisen oder uns unverantwortlich nur der Sorge Gottes zu überlassen. Es gibt manchmal religiöse Fanatiker, die sich nicht um ihre materiellen Dinge kümmern. Aber sie gehen selbstverständlich davon aus, daß die Gesellschaft ihre mangelnde Vorsorge ausgleicht. Doch was meint Jesus wirklich? Und wie können seine Worte uns in unserer Verantwortung für andere helfen? Als Cellerar habe ich die Verantwortung, das Kloster auf eine solide finanzielle Basis zu stellen, um so auf Dauer die Zukunft zu sichern und den Angestellten einen sicheren Arbeitsplatz zu bieten. Ich muß also für ein gutes Wirtschaften sorgen. Aber es kommt immer darauf an, wieviel Macht die Sorgen über mich haben. Wenn mich die Sorgen bis ins Gebet hinein verfolgen, dann rauben sie mir die Ruhe. Und dann gilt für mich das Wort Jesu: »Euch aber muß es zuerst um sein Reich und seine Gerechtigkeit gehen; dann wird euch alles andere dazugegeben.« (Mt 6,33) Es ist also eine Frage des Maßstabs: Was ist das eigentliche Ziel meines Lebens?

Wenn es mir um Gott und seine Gerechtigkeit geht, dann relativieren sich meine Sorgen. Ich soll das tun, was vernünftig und notwendig ist. Aber ich soll nicht ständig darüber nachgrübeln, ob ich auch die richtigen Weichen für die Zukunft gestellt habe, ob ich das Geld richtig angelegt habe, wie die Aktienkurse sich entwickeln werden, ob das Geld reicht und so weiter. Mit solchen Grübeleien verdiene ich auch nicht mehr Geld. Da braucht es das Vertrauen, zu dem uns Jesus aufruft. Ich soll unter Abwägung aller Gründe kluge Entscheidungen treffen. Aber letztlich hängt es doch von Gott ab, ob meine Entscheidungen sich als richtig erweisen. Ich vertraue darauf, daß Gott das Beste aus dem macht, was ich angestoßen habe.

Trotzdem ist es nicht das Ziel, überhaupt keine Sorgen zu haben. Sorgen gehören wesentlich zu unserem Leben. Aber die

Kunst besteht darin, die Sorgen immer wieder zu relativieren. Wenn einem wichtiger ist, das Richtige zu tun, als nur sein persönlicher Erfolg, wenn ihm Werte mehr bedeuten als sein eigener Ruf bei den Menschen, dann verlieren auch die Sorgen ihre Macht. Schließlich sorge ich mich nicht mehr um mich, um mein Prestige, um mein Fortkommen, sondern letztlich darum, daß Gottes Gerechtigkeit in dieser Welt sichtbar wird, daß Gott in dieser Welt herrscht und nicht die egoistischen Interessen machtbesessener Menschen. Wenn ich nicht so sehr auf mich sehe, sondern auf die Werte, die mir wichtig sind, dann relativieren sich meine Sorgen.

Wie oben beschrieben, besitzt jeder in sich einen inneren Raum der Stille, in dem Gott wirkt. Hier, wo die Welt keine Macht hat, verlieren sich die Sorgen. Die Sorgen haben keinen Zutritt. Wenn ich in der Verwaltung Entscheidungen treffen muß, mache ich mir oft Sorgen. Aber wenn ich in meiner Klosterzelle meditiere, lasse ich die Sorgen nicht in mein Inneres dringen. Da genieße ich es, mir vorzustellen, daß Gott selbst in mir wohnt. Und dort, wo Gott in mir wohnt, können all die sorgenvollen Überlegungen nicht eintreten. Sie bleiben draußen. Gott, der in mir ist, verschafft mir Ruhe und Frieden. Und diese Ruhe brauche ich, um dann angemessen für die Menschen und für die wirtschaftliche Zukunft des Klosters zu sorgen.

Frust

Frust kommt von »frustra« = vergebens, vergeblich. Frust entsteht, wenn einer sich vergeblich angestrengt hat. Man hat etwa
bei seiner Arbeit das Beste versucht, alle Kraft eingesetzt, damit
das gesetzte Ziel erreicht wird. Doch alles ist schiefgegangen.
Mitarbeiter haben enttäuscht. Sie haben nicht mitgemacht. Der
Kunde hat auf einmal den lukrativen Auftrag abgesagt. Jeder,
der berufliche Verantwortung trägt, kennt solche täglichen Frustrationen. Viele versuchen, den Frust zu übertünchen, indem
sie abends mehr essen und trinken, als ihnen guttut. Oder aber
sie gehen über die Enttäuschungen hinweg, wobei diese trotzdem an ihnen nagen. Je mehr sie über Enttäuschungen hinweg-
sehen, desto mehr verfolgen diese sie. Sie wachen mitten im
Schlaf auf, und die frustrierende Situation steht ihnen ganz deutlich vor Augen – und läßt sich nicht wieder abschütteln.

Wie soll man mit Frustrationen umgehen? Auch hier gilt die
alte Regel: anschauen und nicht verdrängen, sich stellen und
nicht davonlaufen. Man schaut die Enttäuschung an und spürt
auch den Schmerz, den sie einem bereitet. Aber man sollte nicht
bei der Enttäuschung stehenbleiben, sondern fragen, was sie
einem sagen möchte. Oft ist sie eine Einladung, sich von der
Illusion zu verabschieden, als ob alles immer glattgehen müsse,
als ob die Mitarbeiter perfekt seien. Und jeder einzelne muß sich
von der Illusion lösen, daß er der immer perfekte und erfolgreiche Mensch sei. Jeder kocht nur mit Wasser. Die Frustration will
daher zur Demut führen, zum Mut, die eigene Menschlichkeit
und Durchschnittlichkeit anzunehmen und mit Humor zu tragen. Zudem lädt sie ein, die Mitarbeiter realistischer zu sehen

und darauf zu verzichten, sie entweder zu entschuldigen oder zu verurteilen. Ein Manager oder eine Managerin muß vielmehr versuchen, die Mitarbeiter zu verstehen, warum sie einen enttäuscht haben, sich in sie hineinzufühlen, wie es ihnen dabei gegangen ist. Oder man schaut die Situation an, die zur Frustration geführt hat, ohne aber jemandem die Schuld dafür zu geben. Man akzeptiert das Leben so wie es ist, mit seinem Auf und Ab, mit seinen Enttäuschungen und seinen Erfüllungen. Der erste Schritt ist also die Versöhnung mit dem, was ist.

Der zweite Schritt ist dann, die Frustration als Herausforderung zu sehen. Statt sich zu ärgern und den Ärger in sich hineinzufressen, soll man sich fragen: Was kann ich tun, damit es besser wird? Wie soll ich darauf reagieren? Was kann ich besser organisieren? Oder braucht es ganz andere Lösungsansätze? Wenn man kreativ auf die Frustration reagiert, dann verfällt man auch nicht in eine gedrückte Stimmung. Man reagiert sportlich darauf. Wer ein Fußballspiel verloren hat, resigniert auch nicht, sondern überlegt, was er an der Taktik ändern kann, damit das nächste gewonnen wird.

Und der dritte Schritt besteht in der Relativierung der Frustration. Frust ist ein Teil unseres Lebens, aber er darf uns nicht bestimmen. Worauf kommt es eigentlich an? Was macht mir wirklich Freude? Man läßt die Arbeit mit ihrem Frust los und wendet sich bewußt dem zu, was einem jetzt wichtig ist: der Familie, der Wanderung, dem Tennisspiel, der Meditation. Loslassen ist kein Verdrängen – ich kann nur loslassen, was ich angenommen habe. Letztlich geht es darum, eine neue und realistischere Beziehung zu sich selbst zu finden: Ich sehe mich mit meinen Stärken und Schwächen. Ich vergebe mir selbst meine Schwächen. Das führt mich zu innerem Frieden und zur Gelassenheit. Die Frustration gehört zu meinem Leben. Sie hält mich lebendig. Aber sie bringt mich nicht um. Und ich gebe ihr keine Macht über mich. Ich lasse mich nicht von ihr bestimmen und laufe nicht ständig mit hängendem Kopf herum.

Zeitnot

Eine der häufigsten Klagen, die ich bei Führungsseminaren höre, lautet: »Ich habe keine Zeit. Die Zeit vergeht immer schneller. Ich laufe der Zeit hinterher.« Zeitmanagement-Seminare haben dementsprechend Hochkonjunktur. Dort lernen die Managerinnen und Manager, ihre Zeit gut zu strukturieren und optimal zu nutzen. Sicher ist das gut, aber nur durch Zeitmanagement vermehrt sich die Zeit auch nicht. Im Gegenteil, wer permanent versucht, die Zeit zu managen, empfindet sie leicht als Gegner. Man wirtschaftet gegen sie anstatt mit ihr. Ein ungeheurer Zeitdruck ist die Folge, weil das Zeitbudget ja immer möglichst gut ausgenutzt werden muß, um in der vorgegebenen Zeit jeweils auch die optimale Leistung zu erzielen.

Ich verstehe dagegen die Zeit nicht als Gegner, den ich bezwingen muß, sondern als ein Geschenk, das Gott mir täglich neu anbietet. Ich lebe in der Zeit, und die Zeiterfahrung gehört wesentlich zu meinem Menschsein. Daher geht es erst einmal darum, die Zeit neu zu erfahren. Es braucht ein Gespür für die Zeit: Dieser Augenblick ist mir jetzt geschenkt. Ich bin ganz da. Ich fühle mich. Ich genieße die Zeit, die, so betrachtet, langsam verrinnt.

Wie man die Zeit erlebt, hängt also von der inneren Einstellung ab. Wer versucht, möglichst viel in die Zeit hineinzupressen, merkt schnell, daß gerade dann zu wenig davon vorhanden ist. Die Zeit verrinnt, und man läuft ihr hinterher. Wenn man jedoch ganz im Augenblick lebt, ist die Zeit kein Gegner, man findet sich vielmehr in ihr. Sie gehört einem ganz allein. Alle Aufgaben werden nicht mehr gegen die Zeit, sondern in und mit der Zeit erledigt.

Tatsächlich: Zeit ist immer da. Man muß sie sich nur nehmen. Es bleibt jedoch zu entscheiden, wofür man die Zeit verwendet – nur zum Arbeiten oder auch zum Leben, zur Stille, zum Rückzug. Und es kommt darauf an, die eigene Einstellung zur Zeit zu betrachten. Wenn ich zum Beispiel morgens in den Kalender sehe und die vielen Termine wahrnehme, die mich heute erwarten, kann ich oft nur unter dem sich anbahnenden Zeitdruck stöhnen. Oder ich kann die Zeit einfach anschauen: Eins nach dem anderen. Ich gebe allem Zeit – dem Gespräch, der Arbeit, den Pausen. Meine Erfahrung ist, daß auch ein Tag mit vielen Terminen nicht stressig abläuft, wenn man ganz im Augenblick lebt und sich jedem Termin gelassen zuwendet. Natürlich gibt es manchmal objektiv zuviel zu erledigen. Zu viele Menschen wollen in zu kurzer Zeit etwas von einem. Aber dann kommt es wieder darauf an, sich einzugestehen, daß man immer nur eins tun kann und nicht tausend Dinge zur gleichen Zeit.

Eine wesentliche Hilfe im Umgang mit meiner Zeit ist mir, die verfügbare Zeit zu strukturieren: Der klösterliche Tagesablauf gibt mir eine klare Struktur vor. Hier ist die Zeit nie nur zum Arbeiten da, sondern immer auch zum Meditieren, zum Lesen, für den Gottesdienst, das Gespräch. Auch außerhalb des Klosters läßt sich eine Struktur gut in den Tagesablauf integrieren. Und wenn man seiner Zeit eine gute Struktur gibt, wird sie einen nicht auffressen.

Und noch etwas ist wichtig. Es gibt die »langsame Zeit« wirklich: in der Meditation, beim Spazierengehen, beim Musikhören. Diese Langsamkeit gilt es zu genießen. Man muß die Zeit nicht vollstopfen. Es ist eine gute Erfahrung, dies auszuprobieren und – im Sinne eines asiatischen Sprichworts – wieder einmal ganz im Sitzen, ganz im Gehen, im Hören, im Sprechen zu sein beziehungsweise zu verweilen.

Natürlich gibt es aber auch die schnelle Zeit: Wenn das Tagesgeschäft läuft, die Akten sich auf dem Schreibtisch türmen und viele Briefe oder E-Mails zu beantworten sind, dann muß das meist flink gehen. Diese Schnelligkeit darf aber nicht zum Druck werden. Wichtig ist hier, durchlässig zu sein und die ganze Aufmerksamkeit darauf zu lenken, was man gerade tut. Nur so gelingt dies. Oft stelle ich im Gespräch mit Menschen, die sich in arger Zeitnot fühlen, fest, daß es innere Blockaden sind, die ihnen die Zeit stehlen und sie die Zeit vertrödeln lassen. Ich selbst habe die Erfahrung gemacht, daß ich zum Beispiel, wenn ich beim Briefeschreiben nach perfekten Formulierungen suche, viel zu lange brauche. Wenn ich aber einfach schreibe, was ich gerade denke, dann fließt der Brief und ist schnell fertig.

In der Tat ist es eine Kunst, ganz im Augenblick zu sein. Sie gelingt aber nur, wenn man sich von inneren Ansprüchen an sich selbst frei macht, ebenso von den Erwartungen, die von außen auf einen einströmen. Niemand kann alles gleichzeitig. Die Zeit zeigt sich als eine angenehme und zugleich fruchtbare Zeit, wenn man ganz bei der Sache ist, also bei dem, was man gerade tut. Der hl. Benedikt nennt dies eine spirituelle Haltung. Für die frühen Mönche war eine schnelle und effektive Arbeitsweise immer Zeichen eines spirituellen Menschen, der sich ohne Nebenabsichten ganz auf die Arbeit einzulassen vermag. Wer diese Kunst beherrscht, der arbeitet schnell und effektiv und erlebt vor allem aber die Schnelligkeit nicht mehr als Angetriebenwerden oder Gehetztsein, sondern als Fließen der inneren Energie.

Im Alltag braucht jeder Mensch beides: die schnelle Zeit, in der er effektiv arbeitet, und die langsame Zeit, in der er einfach da ist und sich auf den Augenblick einläßt, ohne schon an den nächsten Termin zu denken. Wenn der Ausgleich von langsamer und schneller Zeit gelingt, dann spricht man von Zeitwohlstand oder von Zeitökologie. Zeitökologie meint den richtigen Umgang mit dem Gut Zeit, einen nachhaltigen Umgang, bei dem die

Zeit nicht verbraucht wird, sondern die Zeit erfahren und erlebt wird. Zeit, in der schnell etwas erledigt wird, ist genauso nötig wie die langsame Zeit, in der wir uns Zeit lassen. Langfristige Entscheidungen bedürfen oft der Langsamkeit, damit sie reifen können. Und auch das Privatleben – die Partnerin beziehungsweise der Partner, die Familie, der Freundeskreis – braucht häufig eher die langsame Zeit. Es kommt vor, daß Menschen, die im Beruf sehr eingespannt sind, dies vergessen. Ein Manager zum Beispiel, der sehr effektiv und schnell arbeitet, meint oftmals, er muß die gleiche Effizienz auch nach Hause bringen. Die wenige Zeit, die er zu Hause verbringt, will er möglichst optimal nutzen: Privates effizient erledigen, Sport treiben, mal wieder an die frische Luft gehen, sich mit den Kindern beschäftigen und so weiter. Am besten erscheint es ihm, das zu verbinden, und so soll sich die ganze Familie abends, sobald er heimkommt, aufs Fahrrad schwingen, um mit ihm eine Fahrradtour zu machen. Doch an diesem Punkt rebelliert dann die Familie. Sie will und braucht die langsame Zeit mit dem Vater beziehungsweise Partner. Als der Vater einsah, daß die Zeit, die er in seiner Familie verbrachte, eine andere Qualität hatte als die Zeit, die er in der Firma möglichst effektiv ausnutzte, wurde seine Beziehung zu seiner Frau und zu den Kindern besser. Und er konnte die Zeit daheim genießen.

Die Zeit, die jeder für sich und seinen persönlichen Rückzug, für die Familie und für die Freunde reserviert, und die Zeit für die Arbeit müssen in einer guten Relation stehen. Da braucht es immer wieder neues Bemühen, damit das Maß stimmt. Und jeder muß aktiv über seine Zeit wachen, sonst bekommt die Arbeit immer mehr Eigendynamik und macht sich so breit, daß für nichts anderes mehr Raum ist. So ist für mich klar, daß ich mich in meiner Arbeitszeit an bestimmte Zeiten halte. Sonst würde ich uferlos arbeiten und doch nie fertig. Ich weiß stets, daß trotz der vielen Arbeit auch genügend Zeit für mich da ist. Wenn ich merke, daß ich in dieser Arbeitszeit nicht fertig werde, dann nehme ich mir schon einmal mehr Zeit. Aber ich gebe acht, daß das nicht zur Regel wird.

Es gibt immer wieder Zeiten, in denen man zu wenig Zeit für das eigene Leben hat. Das darf auch sein. Aber wenn wir spüren, daß wir selber und unsere Familie ständig zu kurz kommen, müssen wir uns Tabuzeiten schaffen, auf die niemand Zugriff hat. Wenn wir ausgemacht haben, daß an diesem Abend zum Beispiel Familienabend ist, den wir für ein Gespräch oder für das Spielen miteinander reserviert haben, dann ist dieser Termin einfach belegt – auch wenn der Direktor meint, wir müßten gerade an diesem Abend noch länger arbeiten. Wir alle müssen unsere privaten Termine genauso wichtig nehmen wie die beruflichen. Sonst gerät unser Leben aus dem Gleichgewicht. Natürlich braucht es da eine gewisse Beweglichkeit. Aber zugleich müssen wir über die Zeit wachen, die für uns und die Familie bleibt.

Fremdsteuerung

Einmal kam ein Bankdirektor zu mir. Er hatte das Gefühl, daß die ganze Welt ständig etwas von ihm wollte. Seine Mitarbeiter in der Bank stellten Erwartungen an ihn. Er sollte uneingeschränkt für sie dasein und möglichst an jeder Besprechung in den verschiedenen Filialen teilnehmen. Daneben hatte er viele Verpflichtungen, die Bank bei gesellschaftlichen und politischen Ereignissen zu vertreten. Privat engagierte der Mann sich im Lions Club. Seine Freunde im Club erwarteten ebenfalls, daß er an ihren Sitzungen teilnahm und sich für ihre Ziele engagierte, zum Beispiel daß er bei der nächsten Wohltätigkeitsveranstaltung am Grill stand und für die Würste sorgte. Schließlich gab es da noch seine Familie. Auch sie richtete Erwartungen an ihn. Sie warf ihm ständig vor, daß er zuwenig daheim war. Manchmal wurde ihm das alles zuviel. Zweifellos engagierte er sich gerne im Beruf und in seinem Freundeskreis. Aber dann hatte er ein schlechtes Gewissen seiner Familie gegenüber. Und wenn er heimkam, war er oft nur noch müde und abgespannt und konnte die Erwartungen seiner Frau und seiner Kinder einfach nicht mehr erfüllen. Wie sollte er damit umgehen?

Tatsache ist, jeder von uns hat Erwartungen zu erfüllen. Doch wenn man immer nur diesen nachzukommen versucht, wird man irgendwann bitter und hart. Man fühlt sich ausgenutzt, und es entsteht das Gefühl, daß man von anderen bestimmt und gelebt wird, anstatt selbst zu leben. Hier braucht es einen Gegenpol. Ein gutes Gegengewicht sind heilsame Rituale. Rituale schaffen eine heilige Zeit und einen heiligen Ort. Heilig ist das, was der Welt entzogen ist, worüber die Welt keine Macht hat. Die heilige Zeit gehört einem ganz allein. Und sie gehört Gott. Aber die Menschen und die Probleme dürfen die heilige Zeit und den heiligen Ort, den das Ritual verschafft, nicht stören. Solche Rituale können nur Kleinigkeiten oder kurze Momente sein: Für eine Mutter sind beispielsweise die fünf Minuten, die sie allein im Bad verbringt, eine heilige Zeit, die sie genießt. Sie gewinnt das Gefühl, da kann sie aufatmen. Sie spürt sich selbst. Sie lebt selbst, anstatt gelebt zu werden. Ein Mann nimmt sich die Zeitung mit auf den Abort, weil er sie da ungestört lesen kann. Ein anderer joggt am Morgen. Da spürt er sich. Der Morgen gehört ihm und nicht der Firma. Wieder ein anderer läßt sich einfach Zeit beim Frühstücken und Zeitunglesen. Er genießt den Morgen, bevor er zur Arbeit geht. Dann geht er als freier Mann in die Firma und nicht als einer, der nur unter dem Druck steht, die Erwartungen anderer zu erfüllen. Für mich ist die Meditation eine solche heilige Zeit. Wenn ich morgens meditiere, dann kann ich diese Zeit genießen. Niemand will jetzt etwas von mir. Ich sitze einfach vor einer Ikone und verbinde mit dem Atemrhythmus das Jesusgebet: »Herr Jesus Christus, Sohn Gottes, erbarme dich meiner.« Das erfüllt mich mit Barmherzigkeit und Milde mir selbst gegenüber. Es entlastet mich aber auch von dem Druck der Arbeit. Ich gehe anders in den Tag.

Wichtig sind die Rituale nach der Arbeit. Viele kommen nach Hause, aber sie kommen nicht wirklich selbst an. Ihr Kopf ist noch voll von der Arbeit und den Problemen, die sie dort beschäftigen. So hören sie gar nicht richtig zu oder reagieren gereizt, wenn die Frau, der Mann oder die Kinder etwas von ihnen wollen. Hier braucht es ein Ritual, das die Tür der Arbeit schließt und die Tür des Privatlebens öffnet. Man kann zum Beispiel nach Arbeitsschluß im Büro noch fünf Minuten sitzenbleiben und bewußt die Arbeit und den Ärger loslassen. Oder diese Gott übergeben und Gott bitten, daß er die Arbeit zum Segen werden lasse. Man kann den Heimweg nutzen, um von der Arbeit loszukommen, um daheim wirklich gegenwärtig zu sein und sich auf die Familie einlassen zu können. Ein Manager erzählte mir, wenn er nach der Arbeit heimkomme, ginge er immer zuerst unter die Dusche und ließe den inneren und äußeren Schmutz von sich ablaufen. Wenn er dann ins Wohnzimmer zu seiner Familie kam, versuchte er, ganz gegenwärtig zu sein. Er fühlte sich dann wie neugeboren und konnte sich den Kindern und seiner Frau wieder mit voller Aufmerksamkeit und Liebe zuwenden.

Auch Bilder helfen: Wenn ich die Haustür aufmache, muß ich mir vorstellen: Jetzt bleibt die Arbeit mit ihren Sorgen draußen. Und nun ist es Zeit zu versuchen, ganz daheim zu sein, sich auf das Private einzustellen und einzulassen. Die Tür der Arbeit muß geschlossen werden, damit die Tür des Zuhauses wirklich geöffnet werden kann. Heute sind wir in Gefahr, unsere Türen offenstehen zu lassen. Doch dann leben wir ständig im Durchzug. Das tut unserer Seele und unserem Körper nicht gut. Um gegenwärtig zu sein, muß man die Tür des Vergangenen schließen. Nur in geschlossenen Räumen kann etwas wachsen. Nur dort kann man sich ganz einlassen auf das, was ist, ohne nach der offenen Tür zu schielen. Und es ist entlastend für uns, wenn wir das Zuhause genießen können, einfach nur da sind für die, mit denen wir gerne zusammen sind.

Wichtig sind auch die Abendrituale. Viele stopfen den Ärger des Tages mit Essen, Trinken und Fernsehen zu. Doch was zugestopft wird, das wird sich in der Nacht im Unbewußten auswirken, entweder in unruhigen Träumen oder aber in den Gefühlen am nächsten Tag. Viele wachen am nächsten Tag mit einem diffusen Gefühl von Unzufriedenheit auf und wissen gar nicht, woher es kommt. Sie haben den vorigen Tag nicht abgeschlossen, daher können sie den neuen nicht wirklich beginnen. Das klassische Abendritual wäre das Abendgebet. Darin halte ich den Tag Gott hin. Ich verzichte darauf zu bewerten und überlasse alles, was war, Gott. Ein gutes Ritual wäre, die Hände in Form einer Schale Gott hinzuhalten. Das dauert nur zwei

Minuten. Aber in diesen zwei Minuten kann ich den Tag loslassen und bekomme das Gefühl, daß der Tag, der mir zwischen den Fingern zerronnen ist, wieder zu einem Ganzen wird. Ich kann ihn abschließen, loslassen, Gott übergeben. Und ich kann mich in Gottes gute Hände fallen lassen, um mich darin zu bergen. Solche Abendrituale sind heilsam für einen guten Schlaf. Viele Menschen haben heute Schlafprobleme, weil sie keine Rituale mehr kennen, sondern einfach müde ins Bett fallen. Doch dann tauchen all die verdrängten Gefühle wieder auf und rauben ihnen den Schlaf.

Je mehr wir arbeiten müssen, desto sorgsamer sollen wir mit unseren Ritualen umgehen. Wenn ich vor Führungskräften über Rituale spreche, so findet das immer eine lebhafte Resonanz. Sie merken, daß es ihnen guttun würde. Viele erinnern sich dann an ihre Rituale, die sie eigentlich schon haben, die sie aber bewußter vollziehen könnten. Andere bekommen Wehmut, weil sie spüren, daß sie viele Rituale aufgegeben haben und sich nun im Hamsterrad der Anforderungen von außen immer weiterdrehen. Andere möchten gerne Rituale haben, machen aber die Erfahrung, daß sie nicht lange durchhalten. Der Bankdirektor aus unserem Beispiel etwa möchte sich gerne in der Mittagspause zurückziehen. Doch häufig kommt es vor, daß gerade dann Feuer unter dem Dach ist. Dann kann er das Löschen nicht anderen überlassen. Er fühlt sich verantwortlich, auf die Probleme zu reagieren.

Sicher kann man die Rituale nicht absolut setzen. Sonst werden sie zum Zwang. Wenn ich Rituale immer wieder vergesse oder einfach nicht dazu komme, dann sollte ich mich fragen, ob sie für mich noch stimmen. Vielleicht habe ich sie mir nur übergestülpt. Oder ich kann überlegen, wie ich sie besser schützen kann. Rituale tun im übrigen auch den Mitarbeitern gut. Wenn sie wissen, daß ich in der Mittagspause nicht zu stören bin, weil das meine heilige Zeit ist, dann werden sie sich daran gewöhnen. Vielleicht entwickeln sie dann auch Phantasie, die eigene Mittagspause sinnvoller zu nutzen. Das zeigt, Rituale schaffen klare Beziehungen. Ich weiß, wann ich den anderen stören kann und wann nicht. Und Rituale relativieren die Arbeit. Mitten im Chaos der vielen Probleme, die täglich auf uns einströmen, bilden die Rituale einen festen Anker, an dem wir uns ausrichten können. Sie sind eine heilsame Unterbrechung für alles, was in der Arbeit läuft. Und sie geben Halt, damit wir mit Kraft und Klarheit die Schwierigkeiten angehen.

Es gibt aber nicht nur die persönlichen Rituale, die helfen, mit der Arbeit besser zurechtzukommen und sich von ihr nicht bestimmen zu lassen. Es wäre auch gut, die Unternehmensrituale unter die Lupe zu nehmen, ob sie noch stimmen oder ob sie sich überlebt haben. In vielen Unternehmen werden Rituale mehr und mehr abgeschafft. Man meint, man hätte keine Zeit dafür, den Geburtstag der Mitarbeiter zu berücksichtigen. Doch wenn sich die Rituale verlieren, wird auch die Leistung im Unternehmen schlechter. Rituale schaffen Beziehung zwischen den Mitarbeitern. Hier fühlen sie sich gewürdigt, wahrgenommen, wertgeschätzt. Sie sind ein Ort, an dem Gefühle geäußert werden, die sonst nie zum Ausdruck kommen. Und sie motivieren die Mitarbeiter oft mehr als die Motivationsstrategien, die man bei Führungskursen lernt. Ich kenne einen Chef, der jedem Mitarbeiter, der Geburtstag hat, eine handschriftliche Karte mit sehr persönlichen Wünschen schreibt, die auf jeden einzeln zugeschnitten sind. Wenn der entsprechende Kollege ins Büro kommt, stehen schon ein Blumenstrauß und die Karte auf seinem Tisch. In anderen Firmen feiert man den Geburtstag, indem alle zu einem gemeinsamen Kaffee zusammenkommen. Solche kleinen Rituale binden die Menschen aneinander und schaffen so ein Klima, in dem man gerne arbeitet.

In vielen Betrieben werden Rituale leer, etwa die Weihnachtsfeier oder der Betriebsausflug. Wenn die Mitarbeiter nicht mehr gerne zu solchen Veranstaltungen gehen, ist das ein Zeichen, daß das Ritual nicht mehr stimmt. Man müßte dann gemeinsam mit der Belegschaft überlegen, ob man diese Veranstaltungen anders gestalten oder aber weglassen und durch andere ersetzen sollte. Auf jeden Fall soll man bewußt darauf reagieren und die Rituale nicht einfach einschlafen lassen. Sonst verliert die Firma an Zusammenhalt und Motivation. Es braucht Phantasie und Kreativität, damit die Rituale für die Menschen passen und sie gerne daran teilnehmen. Ein Bankdirektor erzählte mir, er sei unzufrieden mit der Gestaltung der Weihnachtsfeier gewesen. Statt sie abzuschaffen, habe er einige Mitarbeiter gebeten, sich darüber Gedanken zu machen. Sie entwickelten viele Ideen, bezogen andere mit ein. Und auf einmal entstand eine Feier, von der alle noch lange redeten. So eine gelungene Feier erzeugt in den Mitarbeitern Energie. Sie schafft mehr Gemeinschaftsbewußtsein als manche Teamgespräche und fördert so die Zusammenarbeit und letztlich auch die Leistung für das Unternehmen.

Selbstverlust

Ein Bild, das viele Führungskräfte für sich verwenden, ist das bereits erwähnte Bild des Hamsterrads. Sie haben das Gefühl, daß sie ständig rotieren. Sie haben immer etwas zu tun. Sie werden nie fertig. Eine Sitzung jagt die andere. Ein Projekt löst das andere ab. Überall müssen sie einspringen, wenn etwas nicht läuft. Sie fühlen sich gehetzt und gejagt. Und sie fragen sich: Wo bleibe ich selbst? Lebe ich überhaupt noch? Sie selbst kommen zu kurz. Ihre eigenen Bedürfnisse sind nicht gefragt.

Wer eine verantwortliche Stellung innehat, kann sicher nicht alle seine Bedürfnisse erfüllen. Man hat die Verantwortung für andere übernommen. Das ist auch Ausdruck einer spirituellen Handlung: Ich bin für die anderen da. Ich verzichte auf vieles, das ich mir gut vorstellen könnte, was mir guttut. Ich tue das bewußt. Aber ich brauche auch hier das richtige Maß. Wenn ich nur für andere da bin und mich für sie aufopfere, merke ich gar nicht, daß ich mit meiner Opferrolle den anderen das Leben auch nicht gönne. Ich verbreite als Opfer eine aggressive Stimmung, die die anderen lähmt. Ich kann nur gut für die anderen dasein, wenn ich auch gut mit mir umgehe. Sonst werde ich meine unterdrückten Bedürfnisse auf die anderen projizieren. Weil ich mit mir hart umgehe, werde ich genauso hart gegenüber meinen Mitarbeitern. Damit aber wird man kein Leben wecken.

Es geht jedoch nicht nur darum, gut mit sich selbst umzugehen und sich etwas zu gönnen. Schon der hl. Bernhard schrieb dem Papst Eugen, der über seine Belastung durch sein Amt stöhnte: »Gönne dich dir selbst!« Und er zeigte ihm auf, daß er mit seiner Überlastung nur hart von sich selbst und den eigenen Gefühlen abgeschnitten wurde, was ihm nicht guttat. Man kann sich einen schönen Urlaub gönnen, ein gutes Abendessen, ein Wellness-Wochenende – entscheidend ist, daß man sich sich selbst gönnt, mit sich in Berührung kommt und bei sich selbst ankommt. Wie aber geht das?

Es gibt ganz einfache Übungen, das Bei-sich-Sein zu lernen. Man hält beispielsweise mitten in allem Trouble kurz inne und spürt den eigenen Atem, wie er kommt und geht. Indem man seinen Atem spürt, spürt man auch sich selbst. Man geht bewußt vom Kopf weg in den Leib. Der Kopf ist immer unruhig. Er denkt immer tausend Sachen. Doch wenn ich meinem Atem folge und bewußt ruhig ausatme, spüre ich mich selbst und werde langsam ruhiger. Ich bin bei mir. Ich fühle mich. Eine andere Hilfe kann sein, daß man sich selbst berührt, indem man sich ruhig hinsetzt und die Hand auf sein Herz legt. Dann beobachte ich, welche Gefühle in mir auftauchen, lasse sie zu und frage nach der Sehnsucht, die in diesen Gefühlen und Gedanken steckt. Die Sehnsucht führt mich zur inneren Ruhe. Das kann auch mitten in Sitzungen hilfreich sein. Wenn ich spüre, daß ich mich von den Erwartungen oder Emotionen der anderen bestimmen lasse, genügt es, wenn ich nur die Hände ineinanderlege und mit einer Hand die andere wahrnehme. Dann bin ich wieder bei mir, und die Anfechtungen der anderen verlieren ihre Macht über mich. Dann kann ich in mich hineinhorchen, was ich wirklich sagen möchte. Das In-Berührung-Sein mit mir selbst befreit mich von der Fixierung auf die Erwartungen und daher von dem Druck, den ich mir selbst mache.

Es gibt auch andere Wege, bei sich zu sein und sich selbst zu spüren. Für viele ist eine Wanderung oder gar eine anstrengende Gipfeltour ein guter Weg. Die Anstrengung beim Wandern tut dann gut. Man schwitzt, spürt seine Glieder und wird müde. Aber gerade so wird man frei von den Problemen und Sorgen der Arbeit. Andere gehen in die Sauna und schwitzen da alles aus, was sie in sich hineingefressen haben. Das macht frei. Für viele ist auch der tägliche Spaziergang mit dem Hund ein guter Weg, sich frei zu machen.

Schuld und Schuldgefühle

Materielle Schulden

Ein erfolgreicher Steuerberater hat in der Euphorie des Neuen Marktes einen hohen Kredit aufgenommen, um damit Aktien zu kaufen und so ein gutes Geschäft zu machen. Doch nach den Anfangserfolgen platzte die Blase des Neuen Marktes, und die Aktienkurse stürzten ab. Der Mann blieb auf seinem teuren Kredit sitzen. Jetzt hat er, der bisher immer stolz auf seinen Reichtum war, Schulden. Er traut sich nicht, vor seinen Freunden seinen finanziellen Mißerfolg zuzugeben. Wenn er mit Freunden zum Essen geht, wagt er es nicht, mit seinen Ausgaben zurückzustecken. Doch irgendwann geht das nicht mehr. Er lehnt von nun an alle Einladungen zum gemeinsamen Ausgehen ab. Er weiß nicht mehr ein noch aus.

Solche Beispiele erlebe ich immer wieder. Erfolgreiche Menschen verlieren ihr Maß und stürzen sich in den Ruin. Doch es muß nicht immer die eigene Schuld sein. Zum Beispiel dann, wenn jemand, der die Finanzierung seines Hauses auf dem bisher sicher scheinenden Einkommen aufgebaut hat, seinen Arbeitsplatz verliert. Jetzt kann er seine monatlichen Raten nicht mehr bezahlen. Er muß das Haus entweder verkaufen oder nach anderen Einkommensquellen Ausschau halten. Doch oft gibt es kaum Möglichkeiten, wieder schnell zu einer Arbeit zu kommen, die es ermöglicht, seine finanziellen Angelegenheiten in Ordnung zu bringen. Immer mehr Haushalte in der Bundesrepublik sind verschuldet. Finanzielle Schulden lasten schwer auf der Seele. Insbesondere, wenn man bisher sehr erfolgreich im Berufsleben war, fühlt man sich als Verlierer oder Versager. Man traut sich nicht, zu seiner Situation zu stehen. Manche reagieren mit Panik. Andere werden kleinlich, drehen jeden Cent dreimal um. Sie sparen sich zu Tode. Es gibt keine Freude mehr in der Familie. Andere stecken den Kopf in den Sand. Sie wollen nicht wahrhaben, was ihnen widerfahren ist. Es braucht eine große Demut und Ehrlichkeit vor sich selbst, um sich die Schulden einzugestehen. Doch nur wer nüchtern seine prekäre Situation akzeptiert, wird Wege finden, auf sie zu antworten. Der erste Schritt ist, mit einem Fachmann seine Situation offen zu betrachten, ohne etwas zu beschönigen. Dann kann man sich überlegen, welche Maßnahmen man treffen kann, um die Schulden langsam abzubauen.

Ich erlebe immer mehr Leute, die ihre finanzielle Situation nicht zu regeln vermögen. Sie geben zuviel aus. Sie muten sich zuviel zu. Manchmal sind es sogar krankhafte Veranlagungen wie Kaufzwang, die Menschen in den Ruin treiben. Die Schuldnerberatungen haben heute alle Hände voll zu tun. Aber es braucht zuerst einmal Demut, zur Schuldnerberatung zu gehen und nach wirklichen Lösungen Ausschau zu halten. Viele gehen erst hin, wenn nichts mehr hilft. Zu lange haben sie versucht, ihre Augen vor ihrer Misere zu verschließen. Es braucht einen klaren Finanzierungsplan, der die Ein- und Ausgaben genau erfaßt. Man muß sich auf einen solchen Plan einigen und dann genau daran halten. Sonst rutscht man immer tiefer in die Schuldenfalle hinein.

Persönliche Schuld

Ob wir wollen oder nicht, in einer verantwortungsvollen Stellung geraten wir in Schuld. Wir bleiben der Firma etwas schuldig, wir bleiben den Mitarbeitern etwas schuldig. Wir haben nicht die Zeit, uns um jeden einzelnen zu kümmern. Wir sind manchmal gereizt und reagieren aggressiv auf Mitarbeiter. Wir sehen nicht, wie es ihnen wirklich geht. So werden wir ihren Bedürfnissen und ihrer Situation nicht gerecht. Oder wir haben einen Mitarbeiter falsch eingeschätzt und ihm dadurch Unrecht getan. Auch wenn wir für schwierige Situationen keine Schuld tragen, fühlen wir uns oft schuldig. Wenn etwas schiefläuft in der Firma, wenn ein Auftrag verlorengeht, dann nagen Schuldgefühle an uns. Wir werfen uns vor, daß wir daran schuld sind, daß es mit der Firma bergab geht oder daß wir eine wichtige Chance verpaßt haben. Zunächst sind Schuldgefühle unangenehm. Sie lähmen uns, bohren ständig in unserem Geist und belasten unser Herz. Immer wieder kreisen wir um die Gedanken: »Hätte ich doch daran gedacht. Warum habe ich das falsch eingeschätzt? Warum habe ich nicht meinem Gespür getraut? Warum habe ich auf dieses oder jenes nicht geachtet?« Wir stellen Fragen und finden doch keine Antwort. Und immer von neuem drängen sich die Fragen in unser Denken. Schuldgefühle ziehen uns den sicheren Boden unter den Füßen weg. Sie machen das Fundament unseres Lebens brüchig und zehren an unserer Kraft.

Es gibt verschiedene Möglichkeiten, auf die Schuldgefühle zu reagieren. Die einen verschließen sich. Sie weisen jede Schuld von sich. Doch dann werden sie hart und schneiden sich selbst von ihren Gefühlen ab. Das führt dazu, daß sie auch daheim ihrer Partnerin oder ihrem Partner gegenüber keine Gefühle mehr zeigen können. Wer sich innerlich gegen Schuldgefühle verschließt, wird unnahbar und gefühllos. Doch damit wird sein Menschsein immer ärmer. Er lebt nur noch an der Oberfläche und läßt nichts mehr an sich heran. Und im Umgang mit Mitarbeitern werden diese Menschen ungerecht und schroff.

Das Verdrängen der Schuldgefühle ist also kein geeigneter Weg, mit Schuld umzugehen. Vor allem werden sich die verdrängten Schuldgefühle irgendwie äußern. Der Stuttgarter Psychotherapeut Rudolf Affemann spricht hier von typischen »Unfällern« in den Betrieben. Das sind Leute, die sich ständig den Hammer auf die Zehen fallen lassen oder sich ihre Finger irgendwo einquetschen. Er meint, solche Unfälle seien oft Ausdruck unbewußter Selbstbestrafung. Wer seine Schuldgefühle verdrängt, wird sich häufig selbst bestrafen, ohne daß er es merkt. Eine andere Art und Weise, Schuldgefühle loszuwerden, besteht darin, daß man sie auf andere projiziert. Man kreist dann ständig um die Fehler der anderen und breitet sich über sie aus, um von den eigenen Fehlern abzulenken.

Um angemessen auf Schuldgefühle reagieren zu können, muß man sich zunächst einmal eingestehen, daß man der Schuld nie ganz entgehen kann. Keiner kann ein Leben lang mit einer weißen Weste herumlaufen. Doch häufig tragen wir in uns die Illusion, daß wir alles richtig machen und nie schuldig werden würden. Von dieser Illusion müssen wir uns verabschieden. Das verlangt Demut. Schuld macht einen auch gegenüber Menschen angreifbar. Man muß also zu seiner Schuld stehen und sie annehmen, zugleich aber in einem größeren Zusammenhang sehen: Ich bin mit meiner Schuld und mit meinen Fehlern und Schwächen von Gott angenommen. Die Schuld verweist mich auf Gott.

Wenn man schuldig geworden ist, soll man sich weder beschuldigen noch »ent-schuldigen«. Je mehr man sich selbst zum einen beschuldigt, desto schwächer wird man. Es raubt einem alle Energie. Und irgendwann wird man depressiv. Ich kenne Angestellte, die kaum mehr arbeiten können, weil sie sich mit Schuldgefühlen zerfleischen und sich ständig vorwerfen, daß sie da oder dort nicht aufgepaßt haben. Wenn einer sich selbst entschuldigt, muß er immer nach neuen Gründen suchen, warum nicht er, sondern andere Schuld an dem Fehler tragen. Oder man muß sich vormachen, die Umstände waren eben so. Kein anderer hätte da anders entschieden. Doch alle Entschuldigungsgründe erscheinen irgendwann fadenscheinig. So muß man nach neuen Gründen forschen. Auch dieses Die-Schuld-Abschieben, quasi »Ent-schuldigen«, kostet viel Energie und hindert daran, sich auf den Augenblick einzulassen und den momentanen Herausforderungen zu stellen.

Jesus zeigt in seinem Gleichnis vom ungerechten Verwalter, wie wir mit unseren Schuldgefühlen umgehen sollen (Lk 16,1–8). Da wird ein Verwalter beschuldigt, daß er das Vermögen seines Herrn verschleudere. Das ist ein Bild für uns Manager. Ob wir wollen oder nicht, wir werden immer Vermögen verschleudern, das uns anvertraut ist. Es mag das Vermögen unserer Fähigkeiten, unserer Gesundheit, unserer Kraft sein oder aber das Vermögen, das uns in der Firma anvertraut ist. Wir können der persönlichen Schuld nie ganz entgehen. Der Verwalter im Gleichnis überlegt, was er machen soll. Härter arbeiten – so meint er – könne er nicht, und betteln möchte er nicht. Da würde er alle Selbstachtung verlieren. Normalerweise reagieren wir auf das Schuldigwerden entweder mit übertriebener Anstrengung oder aber mit Betteln und Sichkleinmachen. Wir beißen die Zähne zusammen, nehmen uns vor, von jetzt ab alles richtig zu machen. Doch das verkrampft uns immer mehr. Oder aber wir laufen unser Leben lang im Büßergewand herum. Wir entschuldigen uns, daß wir überhaupt da sind, und trauen uns nichts mehr zu. Wir verinnerlichen unsere Schuld so sehr, daß von uns keine Kraft mehr ausgeht. Bei beiden Wegen möchten wir die Schuld abzahlen, entweder durch Leistung oder durch Betteln. Der dritte Weg, den ein kluger Verwalter geht, besteht darin, die persönliche Schuld als Weg zu den anderen Menschen zu sehen. Der Verwalter läßt seine Schuldner kommen und verringert deren Schuld. Er geht den einzig möglichen Weg: Statt seine Schuld abzutragen, nimmt er sie zum Anlaß, eine neue Beziehung zu den Menschen zu suchen. Er sagt gleichsam: »Ich bin schuldig, und ihr seid schuldig. Teilen wir uns die Schuld. Hören wir auf, sie uns einander vorzurechnen. Nehmen wir einander in unsere Häuser auf. Versuchen wir, uns einander in unserer Fehlerhaftigkeit anzunehmen, anstatt uns zu verurteilen. Stützen wir einander, anstatt uns gegenseitig anzuklagen und am Stuhl des anderen zu sägen.« Statt uns in unseren Schuldgefühlen zu isolieren und mit unseren Selbstvorwürfen nur um uns zu kreisen, sollten wir sie zum Anlaß nehmen, uns den Mitarbeitern zuzuwenden und menschlicher mit ihnen umzugehen. Dann werden unsere Schuldgefühle uns nicht lähmen, sondern unser Miteinander bereichern und letztlich auch die gemeinsame Arbeit für das Unternehmen. Wer von Schuldgefühlen gequält wird, der fühlt sich von der menschlichen Gemeinschaft ausgeschlossen. Wenn der Fehler bekannt geworden ist, traut er sich nicht mehr unter die Menschen. Wenn er die Schuldgefühle mit sich herumschleppt, hat er Angst, die anderen könnten entdecken, daß er einen Fehler gemacht hat. So verschließt er sich immer mehr. Jesus lädt uns ein, unsere Schuld zum Anlaß zu nehmen, Mensch unter Menschen zu sein und einander zu ermutigen. Fehler dürfen sein. Sie machen uns menschlicher und barmherziger zueinander.

Vergebung

Normalerweise sind wir selbst unsere schärfsten Ankläger. Wir werfen uns immer wieder unser Versagen vor. Wir werden von unserem Kreisen um die Schuldgefühle nur frei werden, wenn wir bereit sind, uns selbst zu vergeben. Doch das ist nicht so einfach. Wir können uns selbst nur vergeben, wenn wir daran glauben, daß Gott uns längst vergeben hat. Gott nimmt uns an, so wie wir sind. Gott richtet uns nicht, vielmehr steckt in uns selbst ein unbarmherziger Richter. Es ist das eigene Über-Ich, das uns ständig verurteilt. Gott, der uns annimmt, wie wir sind, ermöglicht es uns, zu uns ja zu sagen, und zwar mit unserer Schuld. Aber selbst der Glaube an Gottes Vergebung hindert viele daran, sich selbst zu vergeben. Man kann sich nur vergeben, wenn man Abschied von der Illusion nimmt, ein Leben lang ohne

Schuld leben oder perfekt und fehlerlos handeln zu können. Man muß vielmehr seine Ohnmacht zugeben, alles richtig machen zu können. Diese Einsicht tut zunächst weh, aber sie macht menschlich. Ich bin nicht Gott, sondern ein fehlerhafter Mensch. Damit soll man sich keineswegs kleinmachen. Es geht darum, seine Schuld zuzugeben, ohne seine Selbstachtung zu verlieren. Trotz meiner Schuld habe ich eine unantastbare Würde.

Das wirkt sich auch im Arbeitsalltag positiv aus: Ein Manager, der sich selbst vergeben kann, wird auch barmherziger sein im Umgang mit Mitarbeitern, die einen Fehler gemacht haben. Besonders hart und gnadenlos gegenüber den Fehlern anderer sind die, die ihre Schuld verdrängt haben. Anstatt sich ihrer eigenen Schuld zu stellen, verbreiten sie um sich herum ein Klima, als ob man nie einen Fehler machen dürfe, als ob der eine Fehler die ganze Firma in den Ruin brächte. Wenn jemand diesen Menschen einen Fehler beichtet, dann wird nicht versucht, ihn zu verstehen, sondern man wirft ihm vor, wie er nur so dumm sein konnte, warum er das oder jenes nicht beachtet habe. Dem Mitarbeiter wird vermittelt, daß es keine Fehler geben darf, es gleichsam ein Verbrechen sei, einen Fehler zu machen. Wer sich dagegen selbst vergeben hat, weil er weiß, daß Gott ihm vergeben hat, der wird so barmherzig reagieren wie jener Bankdirektor, von dem mir der Vorstand einer Volksbank erzählte: Der Leiter der Kreditabteilung hatte einen Kredit von 250 000 Euro in den Sand gesetzt. Er war verzweifelt und erwartete heftige Vorwürfe, als ihn der Chef zu sich rief. Um der Schelte des Chefs zuvorzukommen, reichte er seine Kündigung ein. Doch der Direktor antwortete ihm: »Jetzt habe ich soviel Geld in Ihre ›Ausbildung‹ gesetzt, und Sie wollen gehen?« Er warf ihm den Kreditausfall mit keinem Wort vor, sondern deutete ihn als Ausbildungsfinanzierung um. Wer seine eigenen Fehler nicht eingesteht, würde gegen so einen Mitarbeiter hart durchgreifen und ihn damit zugrunde richten.

Eine Gemeinschaft, eine Gruppe, ein Unternehmen kann

grundsätzlich nur bestehen, wenn wir bereit sind, einander zu vergeben. Wer den anderen ständig ihre Fehler vorhält, stellt sich über sie und verbreitet ein Klima von Angst und Unbarmherzigkeit. Jesus wußte um diese Unbarmherzigkeit mancher Führungskräfte. Er erzählte ein Gleichnis von einem hohen Beamten, der dem König 10 000 Talente schuldete (Mt 18). Das war eine unermeßlich große Summe, das ganze Steueraufkommen in Galiläa betrug nur 900 Talente jährlich. Der Beamte hätte diese Schuld nie abzahlen können. Der König war barmherzig und erließ ihm die Schuld. Doch kaum war der Beamte aus dem Zimmer des Königs getreten, begegnete ihm ein anderer Beamter, der ihm lächerliche 100 Denare schuldete. Das waren umgerechnet gerade 40 Euro gegenüber den 40 000 000 Euro, die ihm selbst gerade erlassen worden waren. Doch weil der Beamte sich offensichtlich nicht selbst vergeben konnte, ließ er den ihm gleichgestellten Beamten ins Gefängnis werfen, bis dieser seine ganze Schuld abzahlen würde. Ähnliches geschieht heute noch in Unternehmen. Vorstände, die selbst schwere Fehler gemacht haben, geben sie nicht zu. Aber die kleinen Fehler anderer werden rigoros bestraft. Und so entsteht ein unmenschliches Klima, in dem man kaum mehr zu atmen wagt. Auch in der harten Welt der Unternehmen braucht es daher die Barmherzigkeit, die nur aus der Vergebung kommt, aus der Vergebung, die wir von Gott erfahren haben, die wir aber auch uns selbst gegenüber verwirklichen müssen, um dann anderen vergeben zu können.

Im Gleichnis, das Jesus erzählt, wird der unbarmherzige Beamte schließlich den Folterknechten übergeben. Jesus schließt das Gleichnis mit den Worten: »Ebenso wird mein himmlischer Vater jeden von euch behandeln, der seinem Bruder nicht von ganzem Herzen vergibt.« (Mt 18,35) Die Frage ist, wie man von ganzem Herzen vergeben kann. Es genügt offensichtlich nicht, nur mit dem Willen zu vergeben. Das Herz gehört dazu. Mit dem Herzen vergebe ich, wenn ich erst den Schmerz und die Enttäuschung zugebe, die der andere mir bereitet hat. Dann braucht es die Wut, in der ich mich vom anderen distanziere. Der dritte Schritt ist das Verstehen der Zusammenhänge. Warum konnte das so geschehen? Erst der vierte Schritt ist dann die Vergebung. Solches Vergeben ist ein Akt der Befreiung. Solange ich dem anderen nicht vergebe, bin ich an ihn gebunden. Ich lasse mich von ihm bestimmen. In der Vergebung lasse ich das Verhalten bei ihm. Ich kreise nicht mehr darum, lasse es los und den anderen sein, wie er ist. Das befreit mich selbst und schafft um mich herum ein Klima, in dem Menschen auch Fehler machen dürfen. Die gegenseitige Vergebung ist die notwendige Voraussetzung für ein Klima, in dem man gerne arbeitet und einander achtet.

Erschöpfung und innere Leere

Viele Manager klagen über Erschöpfungszustände. Dauernde Erschöpfung kann zur Depression führen. Die Erschöpfungsdepression lähmt und nimmt einem jeden Antrieb zur Arbeit. Man muß sich zur Arbeit zwingen. Viele Führungskräfte fühlen sich leer und ausgebrannt, das sogenannte Burn-out. Erschöpfung hat immer zwei Ursachen: Man hat entweder das eigene Maß überschritten oder aus einer trüben Quelle geschöpft. Wenn ich mein Maß überschritten habe, muß ich mich fragen, warum ich meine Grenzen nicht akzeptiere. Möchte ich alle Erwartungen erfüllen? Möchte ich mir beweisen, daß ich unbegrenzt belastbar bin? Habe ich Angst, im Vergleich mit anderen schlecht abzuschneiden? Möchte ich bei allen beliebt sein? Ist mein Bedürfnis nach Anerkennung maßlos? Wenn man seine Maßlosigkeit genauer anschaut, stößt man auch auf die trüben Quellen, beispielsweise das Sichvergleichen mit anderen oder den Druck, alle Erwartungen erfüllen und bei allen beliebt sein zu müssen.

Wer dagegen eine klare Quelle hat, der kann viel arbeiten, ohne schnell erschöpft zu sein. Eine klare Quelle ist für mich die

Quelle des Heiligen Geistes. Es ist eine Quelle, die mir von Gott geschenkt ist. Sie ist unerschöpflich. Wenn ich aus ihr schöpfe, dann fließt die Arbeit aus mir heraus und steckt auch andere an. Die Arbeit atmet dann Leichtigkeit und Lebendigkeit. Sie fließt einfach und bringt Frucht. Die Quelle des Heiligen Geistes mag manchem zu fromm klingen. Ich kann sie auch weniger fromm beschreiben: Sie drückt sich in menschlichen Quellen aus, etwa in der Quelle der Freude an der Arbeit, in der Quelle des Vertrauens zu meinen Mitarbeitern, aber auch eines gesunden Selbstvertrauens. Oder ich schöpfe aus der Quelle meiner Kraft und meiner Lebenseinstellung, die ich von den Eltern mitbekommen habe. Abt Burkard, der unsere Abtei tapfer durch das Dritte Reich geführt hat und dabei selbst ins Gefängnis mußte, hatte von seinen Eltern die Devise mitbekommen: »Wie's kommt, wird's g'fressen.« Diese Devise hat ihm Kraft gegeben, sich der Drangsalierung durch das Dritte Reich entgegenzustellen und Schwierigkeiten anzugehen. Ein anderer würde durch die äußeren Schwierigkeiten gelähmt werden und hätte den Eindruck, es sei alles so schwierig, da könne man nichts machen.

Jeder von uns hat in sich klare und gesunde Quellen, aus denen er schöpfen kann. Es ist einmal die Quelle des Heiligen Geistes, die in jedem strömt. Aber es sind auch die vielen Quellen, die wir in unserer eigenen Seele entdecken. Die Psychologie spricht heute von Ressourcen, die jeder in sich trägt. Es ist wichtig, daß wir unsere eigenen Ressourcen finden und aus ihnen schöpfen. Dann bekommt unsere Arbeit auch eine eigene Qualität. Die Quelle sprudelt dann nicht nur in uns. Vielmehr wird es um uns herum aufblühen, und wir stecken andere mit unserer Energie an. Wer aus einer trüben Quelle schöpft, dessen Arbeit bekommt oft etwas Gequältes, Hartes und Aggressives. Sie steckt die Mitarbeiter nicht an, sondern lähmt sie oder macht sie unzufrieden.

Neben der Erschöpfung gibt es eine redliche Müdigkeit. Wenn man den ganzen Tag gearbeitet hat, fühlt man sich müde. Aber diese Müdigkeit ist durchaus eine Form von Lebendigkeit. Man fühlt sich und ist zufrieden. Wenn ich nach der Arbeit müde bin, lege ich mich zehn Minuten aufs Bett und spüre die Schwere. Ich habe dann das Gefühl: Ich habe für Gott und für die Menschen gearbeitet. Und ich fühle mich in meiner Müdigkeit wohl, im Einklang mit mir selbst. Das Leben erscheint mir sinnvoll. Wenn ich erschöpft bin, fühle ich mich dagegen leer und unzufrieden. Ich bin müde, kann aber nicht schlafen. Ich bin unruhig und kann mich nicht konzentrieren, bin gereizt und empfindlich. Immer wenn ich die Erschöpfung spüre, frage ich mich, aus welcher trüben Quelle ich geschöpft habe. Ich merke dann, daß ich mich selbst unter Druck gesetzt habe und alle Erwartungen erfüllen wollte. Ich ärgere mich, weil ich mich nicht genügend abgrenzen und rechtzeitig nein sagen konnte. Und ich habe den Umständen um mich herum zuviel Macht gegeben. Ich habe Ärger heruntergeschluckt. Es ist normal, daß wir uns immer wieder erschöpft fühlen. Aber dann sollte es Anlaß sein, genauer hinzusehen, aus welchen Quellen wir gerade schöpfen. Auf dem Grund unserer Seele strömt die klare Quelle, aber oft sind wir davon abgeschnitten. Wir können die trüben Quellen nicht abstellen. Aber durch sie hindurch gelangen wir auf den Grund unserer Seele, auf dem die klare Quelle sprudelt.

Die Arbeit allein erschöpft uns ja nicht. Wenn wir Lust an unserer Arbeit empfinden, können wir viel arbeiten, ohne erschöpft zu sein. Oft ist es der Druck, den wir uns selbst setzen oder unter den wir uns setzen lassen. Dann muß ich diesen Druck betrachten: Warum setze ich mich unter Druck? Vor wem will ich mich beweisen? Oder vor wem möchte ich meine Grenzen verbergen? Wem gebe ich gerade Macht über mich? Indem man sich so fragt, kann man den Druck relativieren. Man kommt mit sich in Berührung. Und stellt sich vor, daß da in einem eine innere Quelle strömt, die unerschöpflich ist, weil sie göttlich ist. Dann fällt der Druck von einem ab. Man gibt der aggressiven Stimmung um sich herum keine Macht mehr und läßt die Unzufriedenheit bei den anderen. Es ist dann ganz wichtig, kurz innezuhalten und nach innen zu horchen, dann findet man wieder Frieden.

Trübe Quellen sind der Perfektionismus, der Ehrgeiz, der Drang, alle Erwartungen zu erfüllen, bei allen beliebt zu sein. Manche trüben Quellen kommen aus unserer Lebensgeschichte. Eine Frau stand immer unter Druck, als jüngste von drei Schwestern dem Vater beweisen zu müssen, daß sie genausoviel leisten konnte wie die anderen. Dieser Druck taucht immer wieder in ihr auf und überfordert sie. Ein Mann litt als Kind unter den ständigen Konflikten seiner Eltern. Er hatte die Angst, die Eltern könnten sich trennen und ihn allein lassen. So erzeugt jeder Konflikt in ihm wieder die frühere Angst und raubt ihm alle Energie. Es gibt Menschen, die sich gerne Konflikten stellen. Sie wachsen am Konflikt und haben Lust, ihn zu lösen. Sie schöpfen aus einer anderen Quelle. Doch diese Quelle ist nicht ihr Verdienst. Sie haben von ihren Eltern eine andere Art gelernt, mit Konflikten umzugehen. Für ihre Eltern gehörten Konflikte zum Leben. Sie waren da, um gelöst zu werden. Wer aus so einer Quelle schöpfen kann, dem rauben Konflikte nicht seine Energie, sondern sie spenden ihm sogar neue Kraft. Wir können uns die Lebensmuster, die wir mitbekommen haben, nicht aussuchen. Aber wenn wir sie erkennen, können wir durch die trübe Quelle hindurch die klare Quelle in uns entdecken. Wir müssen nur tief genug in unser Inneres eindringen. Unterhalb der trüben Quellen sprudelt auch in uns die klare Quelle des Heiligen Geistes.

Der hl. Benedikt mahnt den Cellerar, er solle auf seine eigene Seele achten. Wenn ich morgens in die Verwaltung gehe, dann frage ich mich: Gehe ich gerne zur Arbeit? Oder muß ich mich zwingen? Habe ich Angst vor den Problemen, die mich heute erwarten? Habe ich Angst vor Mitarbeitern, vor schwierigen Gesprächen, die heute anstehen? Oder rebelliert mein Leib gegen die viele Arbeit, die mich heute erwartet? All diese Gefühle dürfen sein. Aber ich muß sie beachten und auf sie reagieren. Wenn ich merke, daß ich mich zur Arbeit zwingen muß, dann könnte eine Reaktion sein: Ich muß mir wieder mehr Freizeit gönnen. Ich muß heute früher Schluß machen und mir Zeit für einen Spaziergang oder zum Schwimmen nehmen. Oder ich muß meine Einstellung ändern. Vielleicht zeigt mein Gefühl an, daß ich anderen zuviel Macht gegeben habe. Oder ich habe die Stimmung unzufriedener Mitarbeiter zu sehr in mich hineingelassen. Dann sage ich mir vor: Ich arbeite, weil ich will. Und ich arbeite, weil ich im Dienst Gottes stehe. Ich bin nicht verantwortlich für die Unzufriedenheit in sich zerrissener Menschen und lasse sie bei ihnen. Ich spüre oft, wie die negative Stimmung anderer meine eigene Stimmung trübt. Dann brauche ich ein paar Minuten, um wieder innerlich klar zu werden. Ich versuche, das Jesusgebet in diese trübe Stimmung hinein zu sprechen, damit sich meine Emotionen klären und ich mit einem klaren und ruhigen Geist in die Arbeit gehe.

Wenn ich spüre, daß mir Gespräche angst machen, dann bete ich, daß Gott das Gespräch segnen möge. Ich sage mir: Ich kann die Probleme nicht lösen. Ich kann nur dafür sorgen, daß ich innerlich ruhig ins Gespräch gehe, ohne Vorurteile und Druck, sondern im Vertrauen, daß sich eine Lösung zeigen wird. Dann fällt die Last von mir ab. Ich befreie mich von meinem eigenen Leistungsdruck, daß ich alles im Griff haben muß, und gehe dann gelassen ins Gespräch. Und oftmals mache ich die Erfahrung, daß das Gespräch sich viel besser entwickelt, als ich befürchtet habe. Wenn ich gelassen bin, überträgt sich diese Haltung auch auf die anderen. Es entsteht eine entspannte Atmosphäre. Wenn ich unter Druck stehe, spüren die anderen den Druck. Sie müssen sich unbewußt dagegen wehren. Und schon verstrickt sich das Gespräch in Nebensächlichkeiten oder in Abwehrversuche gegen neue Ideen. Aber es geht nicht nur um die innere Gelassenheit, sondern letztlich um die Liebe als Quelle meines Tuns. Nur wenn die Mitarbeiter das Gefühl haben, daß jemand sie mag, werden sie bereit sein, sich auf das Gespräch offen einzulassen, sich mit ihrer Phantasie und Kreativität einzubringen und sich mit aller Kraft für die Firma einzusetzen.

Für mich ist es wichtig, morgens, bevor ich zur Arbeit gehe, mit der klaren Quelle in mir in Berührung zu kommen. Dann ist die Arbeit nicht so anstrengend. Gerade wenn zu viele Termine anstehen, hilft es, mir die innere Quelle vorzustellen, die auf dem Grund meiner Seele sprudelt. Ich sage mir dann vor: »Ich kann sowieso nicht alles auf einmal machen. Ich werde versuchen, gut in Berührung mit mir und meiner inneren Quelle zu sein. Dann werde ich sehen, was geht und was nicht geht.« Das nimmt mir den Druck. Oft genug geht es dann wirklich leichter, und der Tag wird nicht so schlimm, wie ich es befürchtet hatte. Genauso wichtig ist es aber, abends nach der Arbeit zu spüren, wie ich mich fühle. Wenn Ärger in mir ist oder Unzufriedenheit, dann darf ich das nicht einfach übergehen. Sonst schlägt es sich in meiner Seele nieder, und die Staubschicht verdrängter Gefühle wird immer dicker und trennt mich von meinem Innern. Daher versuche ich, durch den Ärger und die Erschöpfung hindurch zur inneren Quelle vorzustoßen. Ich stelle mir dann vor, daß das frische und klare Wasser den Staub von meiner Seele wäscht und das Trübe in mir klärt.

Verantworten und entscheiden –
Schwierige Situationen bestehen

Verantwortung und Rechenschaft

Ich erlebe in den Unternehmen Menschen, die ein hohes ethisches Verantwortungsbewußtsein besitzen. Sie kommen jedoch mit ihrem ethischen Anspruch oftmals in Konflikt mit der Firmenleitung oder mit anderen Mitarbeitern. Wenn sie ihre Meinung wirklich vertreten würden, berichten sie, dann würden sie als Außenseiter dastehen. Oder sie haben den permanenten Eindruck, daß die Arbeitsatmosphäre und die geistige Haltung vieler Vorstände ihrer eigenen entgegenstehen. Dann taucht natürlich die Frage auf, ob man die Firma verlassen soll, um sich einen anderen Arbeitsplatz zu suchen. Oft ist das kaum möglich, weil man entweder in die Firma so eingebunden ist, daß ein Weggehen viele enttäuschen würde, oder weil man in seinem Alter wenig Chancen hat, eine neue Arbeit zu finden. Soll man aber zwangsläufig in dieser Firma ausharren, obwohl sich in einem alles sträubt? Was kann man verantworten? Was ist man seiner Weltanschauung und seinem Glauben schuldig?

Ich möchte versuchen, hierauf eine Antwort zu geben: Zunächst würde ich mich bemühen, meiner Wertehaltung treu zu bleiben, meine Sichtweise gegenüber der Firma und ihrer Leitung aber zu ändern. Ich würde mir sagen: »Ich ecke hier mit meiner Einstellung dauernd an. Aber gerade damit kann ich ja auch etwas bewirken. Vielleicht tut sich langsam etwas. Zumindest kann ich meinen Bereich, für den ich verantwortlich bin, anders führen und dort ein menschlicheres Klima erzeugen. Vielleicht wird dieses andere Klima zum Sauerteig, der langsam die ganze Firma durchdringt. Ich lerne auf diese Weise, in einer Firma zu mir zu stehen, in der mir Gegenwind ins Gesicht bläst.

Das ist eine menschliche und zugleich spirituelle Herausforderung für mich.« Mit einer solchen Einstellung kann man gelassener in einer Firma leben, die die eigene Weltanschauung nicht teilt. Man vertraut darauf, daß die Wahrheit sich langsam durchsetzt und daß die Werte, die man verkörpert, andere anstecken und neugierig machen. Dazu braucht es einen langen Atem und das Vertrauen, daß sich allmählich in den Köpfen der Mitarbeiter etwas wandelt.

Natürlich hat ein solcher Versuch, Einstellungen zu ändern und das Beste daraus zu machen, auch seine Grenzen. Eine wichtige Grenze zeigt einem der eigene Leib an. Wenn mein Körper mit Krankheit reagiert oder meine Psyche rebelliert, dann muß ich mich fragen, ob ich hier wirklich durchhalte oder ob ich nicht doch besser gehe. Auf keinen Fall darf ich mich immer nur anpassen und mich verbiegen lassen, denn mit einem verbogenen Rückgrat läßt es sich nicht gut leben.

Eine andere Grenze nimmt man in seiner Psyche wahr: Wer morgens nur mit großen Widerständen in die Firma geht, muß das ernst nehmen. Man kann versuchen, den Widerstand in Energie zu verwandeln und seinen Mann beziehungsweise seine Frau zu stehen. Wenn der Widerstand allerdings zu groß wird, muß man die Konsequenzen ziehen und sich eine andere Arbeit suchen. Falls das absolut nicht möglich ist, sollte man sich selbst schützen, indem man sich auf sein Inneres zurückzieht. Das bedeutet, man arbeitet dann noch mit, so gut es geht, gibt der krank machenden Atmosphäre um sich herum aber keine Macht mehr. Die Verantwortung für die innere Ausgeglichenheit ist dann größer als die Verantwortung für die Firma, die einen nicht ernst nimmt. Der hl. Benedikt schärft dem Abt ein, daß er am Tag des Gerichts über sein Wirken Rechenschaft ablegen muß. Das klingt für uns allzu streng. Tatsächlich können wir aber von dieser Mahnung lernen, aufrecht und vor allem aufrichtig unseren Weg zu gehen, ohne unsere eigene Wahrhaftigkeit aufzugeben und uns den Meinungen der anderen anzupassen. Letztlich müssen wir uns selbst noch im Spiegel ins Gesicht sehen können – wenn wir an unserer Wahrheit vorbeileben, würde uns das schwerfallen.

Oft ist es nicht das Klima in der Firma, das einen verbiegen möchte, sondern ein konkreter Vorgesetzter. Gerade wenn Vorgesetzte unter Minderwertigkeitskomplexen leiden, bedeutet das eine große Herausforderung. In diesem Fall wird dieser immer versuchen, alle Mitarbeiter kleinzumachen beziehungsweise klein zu halten. Vor allem jene, die ihm widersprechen, versucht er ständig zu entwerten und zu bekämpfen. Letztlich ist es die Angst vor der eigenen Minderwertigkeit, die solche Chefs ihre Macht mißbrauchen läßt. Doch man darf die Schuld nicht nur den Vorgesetzten anlasten, es gehören immer zwei dazu: Einer, der kleinmacht, und einer, der sich kleinmachen läßt. Das sollte man auf keinen Fall zulassen. Der erste Schritt ist in so einem Fall, sich innerlich von diesem Chef zu distanzieren. Man sagt sich am besten selbst: »Wie klein muß er sich fühlen, daß er es ständig nötig hat, andere kleinzumachen. Wie unreif muß er sein, daß er sich so verletzend verhält.« Damit nimmt man dem Chef die Macht über einen und schützt sich vor ihm. Man beobachtet den anderen wie in einem Theaterstück, schaut zu und versucht zu verstehen, was da in ihm abläuft, läßt sich aber nicht in das Drama einbeziehen und sich gewisse Spielregeln aufzwingen. Es gilt, sich der Macht des anderen hier zu entziehen und dessen Verhalten ins Leere laufen zu lassen. Irgendwann wird er merken, daß er mit seinen Spielen nicht beeindrucken kann. Er löst keine Resonanz aus. Über kurz oder lang wird es für ihn langweilig, und vielleicht läßt er es dann irgendwann von selbst sein.

Ein zweiter Schritt ist, zu überlegen, wie man diesem ängstlichen Chef, der so sehr auf seine Größe und Kompetenz bedacht ist, helfen könnte, von seinem lächerlichen Verhalten wegzukommen. Werden seine unreifen Verhaltensweisen ignoriert und wird ihm Vertrauen vermittelt, dann braucht er vielleicht irgendwann sein arrogantes Verhalten nicht mehr. Allerdings geht es hierbei nicht um Nachgeben: Dann würde man sich als Verlierer fühlen. Nur aus der Position der Stärke heraus kann Vertrauen vermittelt werden, damit langsam eine Beziehung wächst. Allerdings gibt es auch hier Grenzen. Es gibt Chefs, die sich lieber ein Leben lang hinter ihrer Macht verstecken und ständig in Angst leben, daß sie doch nicht so groß sind, wie sie sich gebärden. Da hat man als Untergebener kaum eine Chance. Man kann sich dann entweder schützen oder kündigen. Auf jeden Fall hat keiner es nötig, sich ständig von einem unreifen Chef unfair behandeln zu lassen. Man geht in so einer Situation nicht, weil man gescheitert ist, sondern weil man sich selbst achtet.

Keinesfalls ist es klug, einem Chef, der Minderwertigkeitskomplexe hat, zu widersprechen oder gar sein Verhalten zu kritisieren. Er wird dann versuchen, seine Macht erst recht einzusetzen, um Kritiker mundtot zu machen oder aber ihnen das Leben in der Firma zur Hölle werden zu lassen. Mit dem, der die Macht momentan innehat, einen Machtkampf zu führen lohnt sich nicht. Man kann sich nur von dessen Macht befreien, indem man sein Verhalten bei ihm läßt. Dazu brauche ich jedoch die Aggressionskraft. Die Aggression schützt die eigene Grenze. Wichtig ist, ich verurteile den anderen nicht. Vielmehr handle ich hier genauso wie Jesus, der die Pharisäer, die ihm übelwollten, voll Zorn und voll Trauer wegen ihrer Herzenshärte ansah (Mk 3,1–6). Zorn heißt in diesem Zusammenhang nicht, daß Jesus explodiert ist. Wer explodiert, der läßt sich vom anderen die Spielregeln aufzwingen. Jesus dagegen grenzt sich ab. Er sagt sich gleichsam: »Stetig bist du mit deiner Herzenshärte. Ich mache sie dir nicht zum Vorwurf. Aber ich lasse sie bei dir. Sie ist dein Problem.« Dieser Zorn schafft Distanz zum anderen. Doch Jesus verbindet den Zorn mit der Trauer. Im Griechischen steht hier: »syllypousthai«. Das bedeutet: mitfühlen, im Mitsein mit dem anderen die Trauer spüren. Jesus fühlt mit dem Menschen, der ein hartes, ein »erstorbenes« Herz hat. Wie muß es in so einem harten Herzen aussehen? Jesus kann mit seinem Mitfühlen die hartherzigen Pharisäer nicht für sich gewinnen. Trotzdem hat er das getan, was er für richtig hielt, und den Mann mit der verdorrten Hand geheilt. Der Erfolg, die Pharisäer zu ändern, blieb aus. Im Gegenteil. Sie gingen hinaus und beschlossen, ihn zu töten. Wenn ich mit Managern über dieses Problem spreche, antworten sie häufig, sie könnten es sich nicht leisten, sich zu schützen, sich zurückzuziehen oder zu widersprechen. Dann würden sie sich ihre eigene Karriere verbauen. Die Frage ist, ob man unbedingt unter diesen Bedingungen auf der Karriereleiter weiterklettern muß. Wem seine innere Geradlinigkeit wichtiger ist als die Karriere, den kann die Angst vor äußeren Folgen nicht lähmen. Allerdings geht es oft nicht nur um Nachteile der eigenen Karriere, sondern um den Verlust des Arbeitsplatzes. Dann ist dieses Argument schon ernster zu nehmen. Manche lassen sich dann lieber verbiegen. Glücklich werden sie dabei jedoch nicht. Die Frage ist, wie man aus diesem Dilemma herauskommt.

Für viele ist die innere Emigration die einzige Möglichkeit. Doch dann fühlen sie sich auch in ihrer Kreativität gelähmt und verbauen sich nicht ihre Karriere, sondern ihre Lebendigkeit. Man kann nur zu sich stehen und auch dem Chef manchmal widerstehen, wenn man diesem Lernfähigkeit zutraut. Wenn ich nicht in Angst vor seiner Reaktion erstarre, sondern zu mir stehe, in meiner Mitte bin, dann kann ich mich ihm gegenüber in Freiheit verhalten. Wie er dann reagiert, ist seine Sache. Wenn er unreif und verletzt reagiert, dann lasse ich es bei ihm. Rächt er sich, dann muß ich mich wehren und mich schützen. Dann ist es an der Zeit, auf die eigenen Rechte zu pochen. Wenn das gar nicht geht, muß ich mich entweder weiter oben beschweren, mir in der Firma Gesinnungsgenossen suchen oder aber irgendwann einmal aussteigen aus dem kranken System, das der Chef um sich herum aufgebaut hat. Oder aber ich besitze einen langen

Atem und weiß, daß auch dieser Chef nicht ewig bleibt. Wichtig ist, auf die Kraft des Guten zu vertrauen. Irgendwann wird es sich durchsetzen. Zumindest sollte man sich vergegenwärtigen, daß in der Firma auch vernünftige Menschen sind, mit denen man offen sprechen und die Situation objektiv beurteilen kann. Im Kontakt mit ihnen läßt sich manches sicher klären oder entschärfen und die Zeit besser durchstehen.

Entscheidungen treffen

Jeder, der andere führt, hat immer wieder Entscheidungen zu treffen. Er muß zwischen verschiedenen Möglichkeiten entscheiden. Und oft weiß er nicht, welcher Weg jetzt der richtige ist. Man kann es ja nicht vorhersehen, wie die Rahmenbedingungen in zehn Jahren sein werden. Wer sich bei der Einstellung für einen Mitarbeiter entscheidet, ist gezwungen, die Mitbewerber abzulehnen. Und letzte Sicherheit gibt es nie, ob man sich für den fähigsten Mitarbeiter entschieden hat.

Ein Unternehmer sieht sich oft vor Entscheidungen gestellt, ob er investieren oder den Betrieb verkleinern, ob er Leute einstellen oder entlassen soll. Er muß entscheiden, welche Produkte er schaffen und wie er auf die Situation des Marktes reagieren soll.

Der Finanzchef muß entscheiden, wie er das Geld anlegt, ob er die Wechselkurse absichert, auf welche Währung und auf welche Aktien er setzt. Auch er hat keine Garantie, die richtige Entscheidung zu treffen.

Manche Menschen tun sich schwer mit solchen Entscheidungen. Sie haben Angst, eine falsche Entscheidung zu treffen. Sie können dann oft nicht abschalten, wenn sie zu Hause sind. Ihr Kopf ist ständig voll von Grübeleien, ob die Entscheidung wohl richtig war und welche Folgen sie zeitigen könne. Wer diese innere Last mit sich herumschleppt, der ist unfähig zu einem wirklichen Gespräch und kann sich nicht auf das private Umfeld, seine Freunde, Partner, Familie, einlassen. Die eigenen Gedanken halten ihn vollkommen besetzt.

Es gibt keine Patentrezepte, wie man die richtigen Entscheidungen trifft, aber ich möchte doch ein paar Hilfen angeben, mit diesem Thema besser umzugehen:

Zunächst sollte man sich genau dies eingestehen: Es gibt keine ausschließlich richtigen oder falschen Entscheidungen. Manche zerbrechen sich ihren Kopf, wenn sie sich entscheiden sollen. Sie wollen alle wichtigen Informationen sammeln und wägen alle Eventualitäten ab. Sie möchten die absolut richtige Entscheidung treffen. Doch etwas Absolutes steht nur Gott zu. Alles, was wir tun, ist relativ. Das gilt gerade für unsere Entscheidungen. Wenn ich mich von dem Druck befreie, die absolut richtige Entscheidung treffen zu müssen, kann ich gelassener an die Sache herangehen.

Sicher ist es gut, sich die nötigen Informationen zu verschaffen, um eine begründete Entscheidung treffen zu können. Aber gerade Perfektionisten stellen sich hier oft selbst ein Bein. Sie werden nie fertig damit, sich neue Informationen zu besorgen. Doch auf diese Weise schieben sie die Entscheidung immer wieder auf die lange Bank. Keine Entscheidung ist oft das Schlimmste, was einer Abteilung passieren kann. Das lähmt die Mitarbeiter. Entscheidungen dagegen schaffen Klarheit und setzen Energie in Gang. Hierbei geht es auch darum, auf das eigene Gespür zu hören. Ein Manager erzählte mir: Immer, wenn er bei Personaleinstellungen auf seinen Bauch gehört habe, sei die Entscheidung richtig gewesen. Als er aber einmal auf die vielen sachlichen Argumente hörte, die seine Mitarbeiter vorbrachten, entpuppte sich der neue Mitarbeiter als schwierig. Seine Fähigkeiten wogen nicht seine emotionale Unreife auf. Und der Nebel, den er verbreitete, weil er seine Schattenseiten auf die anderen projizierte, verdunkelte alles, was in ihm auch an guten Seiten steckte.

Viele haben Angst davor, jemand könne ihre Entscheidung angreifen. Doch damit muß sich jeder aussöhnen. Sobald man Entscheidungen trifft, ist man angreifbar. Es gibt immer Menschen, die im nachhinein alles besser wissen. Wir müssen mit der

Relativität unserer Entscheidungen leben. Und wir müssen damit leben, daß man uns kritisieren und Fehler nachweisen kann. Wer unter keinen Umständen Fehler machen will, der macht letztlich alles verkehrt. Denn er hat keinen Mut, etwas Neues zu wagen. Er kreist nur um seine eigene Sicherheit. Aber er ist nicht frei, Mitarbeiter in ein neues Land zu führen. Mit jeder Entscheidung begebe ich mich auf unsicheren Boden. Daher braucht es das Vertrauen, daß es gut ausgehen wird. Für mich ist dieses Vertrauen nicht nur eine menschliche Veranlagung. Sie gründet letztlich in Gott. Ich vertraue auf Gott, daß er die Entscheidung segnet und den Weg, den sie eröffnet, mit seinem Segen begleitet.

Es gibt die Entscheidungen, die aus dem Bauch heraus getroffen werden. Dies sind oft schnelle Entscheidungen. Mitarbeiter lieben Vorgesetzte, die sich schnell und klar entscheiden können. Das fördert ihre Mitarbeit. Doch es gibt auch Entscheidungen, die einen langsamen Prozeß verlangen. Als wir im Kloster bei einem Führungskurs über die Entscheidungsstrukturen in der Mönchsgemeinschaft diskutierten, erzählte der Abt, daß er nie Kampfabstimmungen zulasse. Wenn er merkt, daß sehr viele Stimmen gegen das Projekt sind, dann verschiebt er die Entscheidung. Er läßt die strittigen Fragen in kleinen Gruppen diskutieren. Zwei Wochen später kann man dann oft mit größerer Gelassenheit die Entscheidung treffen. Eine Kampfabstimmung kennt immer Verlierer, und wenn deren Frustration zu groß ist, dann weckt das Aggressionen, die sich als Sabotage für das Projekt erweisen können. Für die Firmenvertreter war das ganz neu. Sie meinten, sie müßten ihre Entscheidungen meistens unter Druck treffen. Aber genau das führt oft zu teuren Rückrufaktionen. Und letztlich kostet das dann viel Geld.

Eigentlich geht es immer um das rechte Maß. Perfektionisten können ihre Mitarbeiter oft zur Weißglut bringen, weil sie sich nicht entscheiden können. Auch durch aufgeschobene Entscheidungen verliert man viel Geld. Umgekehrt sind zu schnelle Entscheidungen auch nicht immer hilfreich, vor allem dann, wenn sie ständig revidiert werden. Es braucht ein gesundes Maß, um zu sehen, wobei man schnell aus dem Bauch heraus entscheiden und wobei man sich mehr Zeit lassen sollte. Manchmal hilft es, über eine Entscheidung nochmals zu schlafen. Träume antworten manchmal auf die Frage nach der richtigen Entscheidung. Manche Menschen haben so deutliche Träume, daß sie am nächsten Morgen genau wissen, wie sie sich entscheiden sollen. Andere erinnern sich zwar nicht mehr an ihre Träume, sehen aber am Morgen doch klarer und haben auf einmal den Mut, sich zu entscheiden.

Wer sich für etwas entscheidet, entscheidet sich zugleich gegen etwas oder gegen jemanden. Das fällt vielen schwer. Aber auch hier gilt: Wir können es nicht allen recht machen. Wir können nicht alles zu gleicher Zeit tun und nicht jeden berücksichtigen. Mit einer Entscheidung öffne ich eine Tür, schließe aber eine andere. Es hat dann keinen Zweck, die Entscheidung nachher ständig in Frage zu stellen, gleichsam immer zurückzuschauen und zu überlegen, ob der Raum hinter der geschlossenen Tür doch nicht besser wäre. Solche Überlegungen verbieten sich. Ständig im nachhinein zu grübeln, was man hätte anders oder besser sagen beziehungsweise entscheiden können, ist Energieverschwendung. Man hat sich schließlich nach bestem Wissen und Gewissen entschieden. Was aus der Entscheidung wird, liegt nicht mehr in der eigenen Hand. Wenn sie sich als falsch erweist, dann steht man im Feuer der Kritik. Aber vielleicht ist gerade das für das eigene Image gar nicht so schlecht. Es ist nicht gut, wenn man immer nur als erfolgreich gilt. Immer wieder einmal durch Unzulänglichkeiten die eigene Menschlichkeit und Durchschnittlichkeit zu erkennen tut einem selbst und den anderen gut. Jeder kann genauso Fehler machen wie die anderen.

Ebenfalls sollte man es vermeiden, nach einer Entscheidung nachzukarten. Vielmehr sollte alle Energie in die Richtung der

Entscheidung gelenkt werden. Wenn dann wirklich starker Widerstand aufkommt, kann man immer noch anders entscheiden. Solcher Widerstand kann einen herausfordern, die Entscheidungen um so konsequenter durchzusetzen, oder aber zu einer Revision drängen.

Es gibt Entscheidungen, die nur für kurze Zeit richtig sind. Dann müssen sie modifiziert werden. Das gehört dazu und ist völlig normal. Wer Verantwortung trägt, vergibt sich nichts, wenn er sich später anders entscheidet. Doch darf die Entscheidung nicht umgestoßen werden, nur weil jemand auf einmal eine negative Stimmung verbreitet und andere Mitarbeiter in diesen Sog hineinzieht. Es braucht immer auch die Klarheit der Entscheidung, damit die Arbeit fließen kann.

Im Kloster sorge ich für die Finanzen. Beim Geldanlegen habe ich dabei nie die Garantie, ob ich die richtigen Entscheidungen getroffen habe. Keiner kann voraussagen, ob diese oder jene Aktie mit Sicherheit steigt oder fällt, wie der Dollarkurs in drei Jahren ist und ob diese Anleihe sicher ist. Wer Risiko eingeht, der verliert auch. Entscheidend ist, was nach Jahren unter dem Strich herauskommt. Für mich ist es wichtig, die Entscheidungen loszulassen. Wenn ich merke, daß ich auch beim Chorgebet noch zu sehr über die heute getätigten Geldanlagen nachdenke, dann stimmt etwas nicht mehr. Dann verfolgen mich meine Entscheidungen noch bis ins Gebet hinein. Das kann schnell zur Belastung werden. Es ist darum wichtig, Entscheidungen zu treffen, sie dann aber loszulassen und zu vertrauen, daß sie in die richtige Richtung weisen.

Für mich ist es eine große Hilfe, meine Entscheidungen Gott zu übergeben. Im Gebet sage ich dann zu Gott: »Ich habe so entschieden, wie ich es für richtig hielt. Ich weiß nicht, was aus dieser Entscheidung wird. Ich vertraue darauf, daß Du das Beste aus der Entscheidung machst. Dein Wille geschehe.« Dieses Gebet entlastet mich. Ich bin nicht für alles verantwortlich. Es hängt letztlich von Gott ab, wie sich alles entwickeln wird.

Durch mein Grübeln mache ich die Entscheidung nicht besser. Gott kann auch eine Entscheidung, die objektiv vielleicht nicht optimal war, im nachhinein in eine gute Richtung führen. Das Vertrauen, das uns das Gebet schenkt, befreit uns vom ständigen Kreisen um die Entscheidungen, die wir treffen müssen, und um die Folgen, die daraus entstehen. Das Vertrauen schenkt Gelassenheit und innere Freiheit. Es ermöglicht uns, das Nachdenken über unsere Entscheidungen loszulassen und uns ganz auf das einzulassen, was wir gerade tun, und ganz präsent zu sein, wenn wir daheim in der Familie oder bei Freunden sind.

Erfolg und Mißerfolg

In vielen Firmen wird den Managern vermittelt, daß gute Führungskräfte immer Erfolg haben. Und manche meinen sogar,
man könne Erfolg vorprogrammieren. Man brauche nur positiv
zu denken, dann habe man auch Erfolg. Doch in Wirklichkeit
gehören Erfolg und Mißerfolg zusammen.

Für mich zeichnet sich eine gute Führungskraft dadurch aus,
daß sie genausogut mit Erfolg wie mit Mißerfolg umgehen kann.
Ich habe in meinem Wirtschaften manchen Erfolg erzielt, aber
auch Mißerfolge einstecken müssen. Die Biogasanlage, die ich
mit großem Enthusiasmus gebaut habe, ist nicht mehr in Betrieb, weil die Landwirtschaft die Kühe und Schweine aufgegeben hat. An der Börse habe ich manches gewonnen, aber auch
immer wieder verloren. Natürlich kann ich mir sagen, es komme
letztlich auf den langfristigen Erfolg an. Aber um den zu er-
reichen, werde ich immer wieder auch Mißerfolge erleben. Die
Bäume wachsen nicht in den Himmel – weder an der Börse noch
am Markt. Als ich mit einem Banker über meinen Mißerfolg mit
argentinischen Anleihen und über die Reaktion besserwissender
Mitbrüder sprach, da meinte er: »Der Sieg hat immer viele Väter, die Niederlage nur einen.« Die Wahrheit dieses Satzes habe
ich am eigenen Leib erfahren. Wenn etwas schiefgeht, haben alle
vorher schon gewußt, was ich hätte tun sollen. Doch wenn etwas gutgeht, genießen es alle als selbstverständlich.

Wie soll man als Manager oder Managerin nun mit Erfolg
und Mißerfolg umgehen? Ich denke, zunächst darf man dankbar sein, wenn man erfolgreich ist, gleichzeitig aber dabei nicht
der Gefahr erliegen, sich auf dem Erfolg auszuruhen. Sonst wird

er sich in kurzer Zeit in einen Mißerfolg wandeln, und man wird neue Entwicklungen verschlafen. Des weiteren darf man sich ebensowenig vom Erfolg her definieren. Ich spüre in mir manchmal die Gefahr, mir für einen Erfolg auf die eigene Schulter zu klopfen. Dann stelle ich mich jedoch über andere Mitbrüder oder Mitarbeiter und merke, daß mir das nicht guttut. Ich versuche zwar, als Mönch unter Mönchen zu leben, ohne Privilegien, aber ertappe mich auch beim Gedanken, daß ich mehr für das Kloster tue als andere. Wenn ich diesem Gedanken weiter nachgehen würde, würde ich irgendwann innerlich stehenbleiben und mich nicht mehr weiterentwickeln. Tatsächlich würde ich mich auf dem Erfolg ausruhen, meine Worte würden dann hohl klingen. Letztlich würde ich immer das gleiche tun, denn das war es ja, was mich erfolgreich gemacht hat. Wenn ich an diesem Punkt wirklich stehenbleiben würde, knickte mein Leben ein, und ich würde irgendwann frustriert meinem Erfolg nachweinen, weil er auf einmal ausbleibt. Ein Mitbruder erzählte mir von seinem Besuch bei Mormonen. Dort traf er einen reichen Geschäftsmann. Dieser sah seinen Reichtum als Zeichen dafür, daß er den richtigen Glauben hatte. Gott sei ihm wohlgefällig und verschaffe ihm Wohlstand, weil er an ihn glaube. Dieser Glaube ist gefährlich, denn dann steht Gott nur auf Seiten der Erfolgreichen. Was dieser Geschäftsmann denkt, ist typisch für viele der amerikanischen »Wiedergeburtschristen«, die ähnlich argumentieren. Sie meinen, ihr Erfolg sei immer Geschenk Gottes. Doch sie merken gar nicht, wie oft ihr Erfolg auf Kosten anderer erzielt wird. Sie haben keinen Blick für die Erfolglosen, denn sie meinen, Erfolglosigkeit sei immer eigene Schuld. Ein solches Verständnis läßt sich jedoch nicht mehr mit der Bibel vereinbaren. Jesus predigt vor allem den Armen und Entwurzelten. Und er preist die Armen selig – nicht die Reichen.

Heute begründen wir unseren Erfolg kaum mehr mit dem richtigen Glauben. Ähnliche Gedanken finden sich trotzdem bei erfolgreichen Managern. Sie meinen, ihr Erfolg gebe ihnen recht. Sie achten nicht mehr auf ethische Grundsätze, sondern machen letztlich ihren Erfolg zum alleinigen Grundsatz ihres Handelns. Das ist gefährlich. Dann wird der Erfolg auf Kosten der anderen und auf Kosten der Ethik angestrebt. C. G. Jung sagte, der größte Feind der Verwandlung sei ein erfolgreiches Leben. Wer immer Erfolg habe, der meine, er brauche sich nicht mehr zu wandeln. Auf diese Weise bleibt er menschlich stehen. Das Ergebnis ist ein unreifer Mensch, der keine Ahnung hat vom Leben, der seinen eigenen Tiefen nie begegnet ist und so unfähig ist, andere zu verstehen, die an sich selbst leiden. Wer aufgrund seines Erfolgs innerlich stehenbleibt, der verbreitet um sich herum nur Leere. Mit ihm kann man nicht vernünftig über persönliche Themen reden. Er wird immer nur oberflächlich über alles mögliche sprechen. Doch ihn selbst wird man nicht spüren. Er verschwindet hinter seiner Fassade. Die Frauen und Männer solcher erfolgreichen Menschen fühlen sich oft wie in der Hölle. Nach außen hin steht ihr Partner oder ihre Partnerin gut da. Doch in der Familie erleben sie diesen Menschen als unnahbar und oft genug als primitiv. Da lebt er seine Schattenseiten aus. Nach außen hin tritt er als groß auf, aber nach innen ist er unausstehlich. Wer nur den Erfolg sucht und sich darüber definiert, der wird zu einem menschlichen Wrack.

Wer dagegen dankbar ist für seinen Erfolg, der kann ihn genießen, ohne sich darüber zu definieren. Er weiß, daß dieser letztlich nicht nur der eigene Verdienst ist. Denn Begabung kann man sich nicht selbst zuschreiben, sondern sie ist ein Geschenk von Gott und von den Eltern. Natürlich hat man selbst für den Erfolg gearbeitet und sollte dies dankbar anerkennen. Wenn der Erfolg durch harte Arbeit errungen worden ist, dann ist man innerlich zufrieden. Die Arbeit hat sich gelohnt und auch Spaß gemacht. Arbeit, die von Erfolg gekrönt ist, ist in sich selbst sinnvoll und lustvoll. Indem man seinen Erfolg dankbar annimmt, vermag man ihn auch loszulassen. Man hat auch keine Angst, daß der Erfolg notwendig Mißerfolg nach sich ziehen muß. Ich habe mit einer sehr erfolgreichen Frau gesprochen, die ihren Erfolg nicht genießen konnte, weil sie Angst hatte, nach soviel Erfolg müsse nun die Katastrophe kommen. Es könne doch nicht sein, daß sie immer erfolgreich sei. In so einer Situation tauchen oft archaische Ängste im Menschen auf. Das hat seinen Grund letztlich in der Haltung, die Götter wären neidisch auf den Erfolg der Menschen. Doch das ist eine heidnische Auffassung und hat mit der Botschaft Jesu Christi nichts zu tun.

Zur Reife eines Menschen gehört es auch, gut mit dem Mißerfolg umzugehen. Eine Gefahr bedeutet es hier, den Grund für den Mißerfolg bei anderen zu suchen: Die Umstände scheinen schuld am Mißerfolg gewesen zu sein. Die schlechte Konjunkturlage dient beispielsweise gerne als Ursache für unser schlechtes Abschneiden. Oder man sucht die Ursache bei anderen Menschen, bei Mitarbeitern, die die falschen Informationen geliefert oder das Projekt nicht mitgetragen haben. Andere versuchen, den Mißerfolg zu überspielen. Sie geben ihn nicht zu, fälschen die Bilanz oder reden das Ergebnis schön. Doch sie laufen dann doch mit der Angst herum, andere könnten den Mißerfolg entdecken und sie bloßstellen. Oder aber sie verdrängen ihn, dann aber lauert er in ihrer Seele, um sie irgendwann nach unten zu ziehen.

Keiner möchte gerne verlieren. Schon als Kind tat ich mich zum Beispiel schwer, beim Fußballspiel zu verlieren. Mein Vater mußte immer schlichten, wenn wir Brüder uns nach einem Spiel über Sieg und Niederlage stritten. Er versuchte, uns beizubringen, daß es zum Sport gehört, auch verlieren zu können. Wenn ich heute an der Börse etwas anlege, was nicht gut läuft, oder wenn das Jahresergebnis nicht besonders gut ist, dann sage ich mir: Es schadet meinem Image sicher nicht, daß ich auch Mißerfolg habe. Ich koche eben auch nur mit Wasser und erlebe meine Grenzen. Manche haben mir prophezeit, daß alles, was ich tue, ein zu hohes Risiko besitzt und daß es einmal zusammenbrechen könnte. Ich stelle mir dann vor, ich würde es wie

Alexis Sorbas machen, der beim Zusammenkrachen seines Lastenaufzugs den Sirtaki tanzte. Aber ob mir das gelingt, weiß ich nicht. Trotzdem befreit mich dieses Bild von der Angst, es könne etwas schiefgehen. Das heißt nicht, daß ich das Risiko übertreibe. Aber ich vertraue, daß – ganz gleich, wie das äußere Ergebnis ist – Gott seine gute Hand über mich hält.

Einen persönlichen Mißerfolg kann ein Manager vielleicht verschmerzen, aber wenn der Mißerfolg viele Arbeitnehmer trifft und deren Arbeitsplatz gefährdet, dann geht es nicht nur um sein Image, sondern auch um die Verantwortung für andere. Er gerät dann ins Kreuzfeuer der Kritik. Viele, die ihren Arbeitsplatz verlieren, werden ihm die Schuld in die Schuhe schieben. Diese Verantwortung kann niemand so einfach abschütteln. In so einer Situation zu den Fehlern zu stehen, die man gemacht hat, ist nicht einfach. Aber nicht jeder Mißerfolg beruht auf Fehlern. Manchmal kann man etwas einfach nicht einschätzen. Ganz gleich, ob der Mißerfolg auf persönliches Versagen zurückzuführen ist oder auf die Situation, man muß die Verantwortung übernehmen und den Mißerfolg eingestehen. Nur dann kann man eine angemessene Antwort auf die schwierige Situation finden. Wenn man den Kopf in den Sand steckt, geht es weiter bergab. Vor lauter Schuldeingeständnis darf man aber nicht die eigene Selbstachtung verlieren, sonst verliert man auch die Kraft, aus dem Mißerfolg herauszukommen. Man muß den Mißerfolg sportlich sehen, wie eine Niederlage. Beim nächsten Spiel siegt man wieder, wenn man nicht aufgibt.

Wer sein Scheitern eingesteht, lernt daraus. Er wird das nächste Mal sorgfältiger analysieren und die Situation besser einschätzen. Aber er lernt auch, daß Mißerfolge zum Leben gehören. Manche Menschen bleiben lieber ihr Leben lang Zuschauer und sehen zu, wie andere kämpfen und verlieren. Doch wer sich dem Leben stellt, der bekommt auch Wunden mit, der kann auch verlieren. Dadurch wird er stärker und zugleich realistischer. Er bildet sich nichts auf seine Erfolge ein und nimmt das Leben so, wie es ist, mit seinen Höhen und Tiefen. Daher bin ich dankbar für die Erfolge, aber auch für die Mißerfolge. Sie lehren mich, nicht aufzugeben, sondern wieder aufzustehen. Und sie zwingen mich, genauer zu prüfen, ob meine Motivation auch echt war oder ob sich da andere Motive mit hineingeschlichen haben.

Jesus sagt in seiner Bildrede vom Weinstock: »Wer in mir bleibt und in wem ich bleibe, der bringt reiche Frucht; denn getrennt von mir könnt ihr nichts vollbringen.« (Joh 15,5) Das Wort Jesu gilt sicher eher für den persönlichen und spirituellen Bereich des Menschen, doch man kann dieses Wort auch für den Arbeitsbereich anwenden. Wenn ich Mißerfolg habe und keine Frucht bringe, dann ist es zumindest eine Anfrage, ob ich durchlässig war für Jesu Geist oder ob ein Ungeist mich da erfüllt hat. Weniger fromm ausgedrückt: Ich frage mich, ob ich aus der Beziehung zu meinem wahren Selbst gehandelt habe oder aber mich vom Ego leiten ließ, das nur um sich kreist und gut dastehen möchte. Wer aus seinem tiefsten Wesen authentisch arbeitet, der – so verheißt ihm Jesus – bringt reiche Frucht. Selbst wenn er eine äußere Niederlage einstecken muß, wird er persönlich daran nicht zerbrechen. Er wird seinen Mißerfolg als Läuterung verstehen. Jesus sagt von Gott als dem Weingärtner, daß er die Rebe reinigt, »damit sie mehr Frucht bringt« (Joh 15,2). Der Mißerfolg schneidet die Wucherungen an meiner Rebe ab. Er ist eine Chance, daß ich lauterer und klarer in meinen Absichten werde. Es geht nicht darum, mich und meinen Erfolg in den Mittelpunkt zu stellen. Wenn ich in meinem Führungsverhalten den Mitarbeitern und der Sache diene, wird mein Verhalten Frucht bringen, selbst wenn die wirtschaftlichen Verhältnisse schwierig werden.

Gewissenskonflikt

Eine Führungskraft in einer Bank ist in einen tiefen Gewissenskonflikt geraten. Die Bank hat zwar in ihren Leitlinien hohe ethische Standards verkündet. Hinter den Kulissen laufen jedoch ganz andere Dinge: Da wird betrogen, werden ethische Gesichtspunkte wie Umweltschutz oder die Förderung erneuerbarer Energien als lächerlich abgetan. Mitarbeiter werden gemobbt und auf unfaire Weise entlassen. Schmiergelder werden gezahlt, um unliebsame Zeugen mundtot zu machen. Es wird bewußt mit Betrug gearbeitet, um nach außen hin besser dazustehen, als man ist. Das nötige Insolvenzverfahren wird umgangen, indem man die Bilanzen fälscht.

Ein Mann, der in der Versicherungsbranche eine hohe Stellung innehatte, widersprach seinem Chef, weil der unredliche Geschäfte machte. Der Chef kündigte ihm nicht nur, sondern machte auch seine Drohung wahr, daß er in der ganzen Branche kein Bein mehr auf den Boden bringen würde. Überall, wo er sich bewarb, hatte der Chef schon gegen ihn Stimmung gemacht.

Wie soll man in solchen Situationen handeln? Soll man die Wahrheit aufdecken und die eigene Entlassung riskieren? Oder soll man sich anpassen? Aber wie ergeht es einem dann? Wird man dann nicht unglücklich?

Viele Mitarbeiter, die sehen, was krumm läuft, trauen sich nicht, die Betrügereien oder das Unrecht anzusprechen. Sie haben Angst, sie würden dann selbst gemobbt und hätten keine Chance mehr in der Firma. Manche haben auch Angst, daß ihnen ihre Zukunft verbaut wird. Führungskräfte, die aus ihren Beobachtungen unfairer Geschäfte die Konsequenzen ziehen und das Unternehmen verlassen, werden als Querdenker in der Branche verschrien. Sie tun sich dann schwer, anderswo Fuß zu fassen.

Der Gewissenskonflikt kann sich verschieden darstellen. Es ist der Konflikt, seinem Gewissen zu trauen und alles, was man an Unrecht wahrnimmt, öffentlich zu machen, zu bekämpfen und dabei seinen Job zu verlieren und seiner Familie zu schaden. Es ist auch der Konflikt, durch sein Anprangern des Unrechts auch den Mitarbeitern zu schaden, die unschuldig in die Machenschaften geraten sind. Manche Führungskräfte haben Angst, sie würden damit den guten Mitarbeitern der Firma in den Rükken fallen, weil sie nun mit den negativen Seiten der Firma in Verbindung gebracht würden. Andere geraten in einen Gewissenskonflikt, wenn sie einen Auftrag durchführen sollen, der ihrem Gewissen widerstrebt, weil sie den Kunden durch ein unlauteres Angebot betrügen sollen, oder wenn sie gedrängt werden, Dinge zu verkaufen, von denen sie selbst nicht überzeugt sind. Sie sind hin- und hergerissen zwischen dem Gehorsam dem Chef gegenüber und ihrem eigenen Gewissen.

Das Gewissen ist die höchste Norm. Ihm muß jeder folgen. Doch braucht es immer auch die Klugheit, auf welche konkrete Weise man dem Gewissen folgt. Man darf dabei nicht zu einem Michael Kohlhaas werden, der unbedingt jedes Unrecht anprangert und bekämpft und dabei gar nicht merkt, wie er selbst unrechte Methoden in seinem Kampf anwendet. Keiner darf sich moralisch über die anderen entrüsten, als ob er selbst mit einer völlig weißen Weste dasteht. Manchmal kann eine gute Absicht auch dazu führen, daß man sich selbst ins Unrecht setzt. Man darf die Augen nicht vor dem Bösen um einen herum verschließen, aber sich auch nicht zum Moralapostel aufspielen und sich über alle anderen stellen.

Wenn ein Mitarbeiter das Unrecht dem Chef gegenüber anspricht, so kommt es darauf an, daß er bei der Darstellung der Fakten noch nicht anklagt. Er weiß ja nicht, ob der Chef daran schuld ist und die bisherigen Vorgänge kannte. Erst wenn er merkt, daß der Chef selbst in die Machenschaften verwickelt ist und sie leugnet, muß er deutlicher werden und klarmachen, daß er das nicht mittragen kann und rechtliche Schritte einleiten wird. Zunächst sollte er jedoch dem Chef immer die Möglichkeit geben, positiv zu reagieren. Seine Darstellung sollte als Information und Bewußtmachen dessen verstanden werden, was nicht gut läuft.

Eine direkte Anklage wird beim Chef erst einmal Abwehr hervorrufen. Ihm muß aber zugute gehalten werden, daß er es entweder nicht wußte oder daß er einfach die Augen davor verschlossen hat, weil es ihm zu unangenehm war. Wenn der Chef merkt, daß der Mitarbeiter dafür durchaus Verständnis hat und ihn nicht gleich verurteilt, ist er vielleicht offener, einer Lösung zuzustimmen. Dann vermag er einzugestehen, daß er die Dinge nicht sehen wollte, weil er nicht die Kraft hatte, dagegen anzugehen. Vielleicht ist er sogar froh, daß er einen Gesinnungsgenossen findet. Nur wenn er mauert und sich hinter seiner Fassade versteckt, oder wenn er sogar droht, er werde mit allen rechtlichen Mitteln gegen den »Moralapostel« vorgehen, muß die Konsequenz gezogen und der Kampf aufgenommen werden. Aber auch dann ist es wichtig, einen klaren Kopf zu bewahren, damit man sich nicht in dieser Auseinandersetzung aufreibt. Manchmal ist eine öffentliche Klage der einzige Weg, der übrigbleibt. Auch wenn unbeteiligte Mitarbeiter der Firma dann in Mitleidenschaft gezogen werden, muß das Unrecht beim Namen genannt werden. Dabei braucht es immer die Hoffnung und das Vertrauen, daß durch diesen Prozeß eine Läuterung für die Firma geschieht und auch ein Zeichen gesetzt wird oder gar andere Firmen davon abgeschreckt werden, ähnliche Praktiken anzuwenden. Ein Machtkampf, der zunächst unangenehm ist und Wunden schlägt, kann auf diese Weise durchaus zum Segen werden, nicht nur für das Unternehmen, sondern für das geschäftliche Umfeld insgesamt.

Aber es bedarf immer der Klugheit und eines guten Gespürs für das eigene Maß. Nicht jeder eignet sich als Held. Entscheidend ist, im Gespräch mit dem Chef man selbst zu bleiben. Es geht nicht darum, die ganze Firma fehlerlos und perfekt zu machen. Das wäre eine Überforderung. Man muß jedoch seine persönliche Integrität wahren. Und man sollte versuchen, nach gemeinsamen Wegen zu suchen. Dabei ist die Sprache von hoher Bedeutung: Wenn meine Worte nur anklagen, werden sie Widerstand hervorrufen. Wenn sie spalten, dann wird davon kein Segen ausgehen. Daher ist es wichtig, mein eigenes Gewissen Gott hinzuhalten und mit einem Dritten über meinen Gewissenskonflikt zu sprechen. Sonst bin ich in Gefahr, mich zu verrennen und meine Enttäuschungen und Verletzungen mit meinem Gewissen zu verwechseln. Es braucht Behutsamkeit, Achtsamkeit und Ehrlichkeit, um dem Gewissen treu zu bleiben und das zu tun, was Gott im Innersten zu mir sagt. Die frühen Mönche sagen: Nur das, was inneren Frieden, Freiheit, Stimmigkeit und Liebe erzeugt, entspricht der Stimme Gottes. Wo mein Gewissen mich hart macht, mischen sich andere Stimmen ein, etwa die Stimme meines Über-Ichs. Die Mönche haben die Lehre von der Unterscheidung der Geister entwickelt. Gerade bei Gewissenskonflikten ist diese hilfreich, damit man wirklich das tun kann, wozu Gott einen durch das persönliche Gewissen antreiben möchte.

Gemeinschaft, Kollegialität und Loyalität

Eine Firma besteht nicht nur aus Vorgesetzten und Untergebenen. Entscheidend für das Klima in einem Unternehmen ist die Gemeinschaft der Mitarbeiter. Und die hängt nicht nur vom obersten Chef ab. Jeder kann daran mitarbeiten. Zwei Haltungen sind es vor allem, die eine gute Gemeinschaft zu formen vermögen: Kollegialität und Loyalität. Kollege ist im Wortsinne der Berufsgenosse und Mitarbeiter. In ihm steckt das Wort »cum« = »mit«. Kollegialität bedeutet daher eine geschwisterliche, einträchtige und hilfsbereite Gesinnung. Ich fühle mich mit den anderen auf der gleichen Ebene. Ich gehe mit ihnen einen Weg, anstatt gegen sie zu arbeiten. Dieses Miteinander ist entscheidend für das gute Klima in einem Unternehmen. In vielen Firmen geht sehr viel Energie dadurch verloren, daß die Mitarbeiter nicht miteinander arbeiten, sondern gegeneinander. So aber reiben sie sich nur gegenseitig auf. Da versucht der eine den anderen auszutricksen. Da schiebt er ihm die Schuld für Fehler in die Schuhe, um vor anderen gut dazustehen. Kollegialität ist eine gute bürgerliche Tugend, die gerade heute in unseren Unternehmen wieder gefragt ist. Sie geht davon aus, daß wir alle in einem Boot sitzen. Wenn wir miteinander statt gegeneinander rudern, kommen wir weiter.

Und es braucht das Miteinander. Dabei darf ich nicht darauf warten, daß die anderen mit mir sind und für mich eintreten. Kollegialität beginnt immer bei mir selbst. Indem ich einmal für den anderen einen Dienst übernehme, schaffe ich ein Klima, das auch andere dazu anspornt, ein ähnliches Verhalten zu zeigen. In Beratungsgesprächen höre ich immer wieder, wie sich viele über das schlechte Klima in ihrer Firma beklagen. Ich kann das gut verstehen. Diese Leute leiden darunter. Doch ich sage immer: Zwei oder drei Mitarbeiter, die am gleichen Strang ziehen, genügen für eine Abteilung von 100 Mitarbeitern. Wenn die zwei oder drei gut miteinander umgehen und ihre Kollegialität auch anderen gegenüber zeigen, dann werden sie das Klima in einer Abteilung verändern. Einer allein genügt sicher nicht. Aber wenn wir uns einen Gesinnungsgenossen suchen und gemeinsam überlegen, wie wir uns verhalten und wie wir auf die anderen zugehen, dann wird sich das auch auf das Verhalten der anderen auswirken.

Jesus spricht vom Sauerteig, der einen großen Trog Mehl durchsäuert. (Mt 13,33) Genauso klein wie der Sauerteig gegenüber dem Trog Mehl ist, fühlen sich zwei oder drei in einer großen Firma. Doch sie sollten der Wandlungskraft ihres Glaubens trauen. Kollegialität ist letztlich nichts anderes als die Erfüllung der Forderung Jesu, daß wir unseren Nächsten lieben sollen wie uns selbst. Es ist eine Konkretisierung des biblischen Gebotes in die Alltagswelt einer Firma hinein.

Der Begriff Loyalität geht auf »legalis« = »gesetzlich« zurück. Loyal heißt dann: gesetzestreu, regierungstreu, anständig. Loyalität meint aber nicht die Gesinnung, die vor allem auf das Einhalten der Gesetze drängt, sondern wurde zur Bezeichnung einer Haltung, die quasi zum anderen steht: Ich achte die Interessen des anderen. Ich bin vertragstreu. Ich halte mich an die gemeinsamen Abmachungen. Und ich achte die Regierung, die Autorität, ohne mich von ihr verbiegen zu lassen. Wenn ich loyal zu einem Mitarbeiter stehe, dann achte ich seine Interessen. Er kann sich auf mich verlassen. Wenn wir etwas ausgemacht haben, dann halte ich mich auch daran. Solche Zuverlässigkeit und Redlichkeit braucht jede Firma. So entsteht ein Klima, in dem man gerne arbeitet.

Doch wenn in meiner Abteilung ein anderes Klima herrscht, wie gehe ich dann damit um? Moralische Appelle fruchten hier kaum. Ich kann nur mit gutem Beispiel vorangehen und darauf vertrauen, daß das auch andere ansteckt. Wenn ich spüre, daß manche Mitarbeiter nicht loyal zu den anderen stehen, spreche ich sie an, warum sie sich so verhalten. Ich klage sie nicht an, sondern ich frage nach. Vielleicht verstehe ich sie nicht richtig. Oder ich interpretiere ihr Verhalten falsch. Vielleicht erfahre ich im Gespräch, daß da eine gegenseitige Verletzung vorliegt. Dann kann ich ermutigen, diesen Konflikt in aller Ruhe anzuschauen. Und ich kann mich anbieten, als Dritter dabeizusein, falls der andere das wünscht. Auf keinen Fall sollte ich einfach passiv zuschauen, wie das Klima sich verschlechtert.

Vor allem unter Managern und Managerinnen sind Kollegialität und Loyalität von höchster Wichtigkeit. Wenn einer dem anderen schaden möchte, damit er selbst davon profitiert, dann wird das Klima vergiftet. In solch einem vergifteten Klima klar zu bleiben und trotzdem loyal und kollegial zu den anderen zu stehen ist nicht einfach. Aber ich vertraue auf die Macht des Guten. Zumindest werden sich die Kollegen mir gegenüber anders verhalten. Die meisten Menschen besitzen eine Hemmschwelle, jemanden, der sich ihnen gegenüber anständig verhält, unfair zu behandeln. Aber es kann sein, daß ich mich mit meinem Verhalten und meiner Einstellung allein gelassen fühle. Es braucht einen starken Glauben und eine tiefe Hoffnung, daß der Same der Kollegialität und Loyalität, den ich ausstreue, auch in dem harten Acker meiner Firma aufgehen wird. Und es braucht Standfestigkeit, diese Haltungen gerade in den Konflikten zu bewahren, die täglich auf mich einströmen.

Umgang mit Konflikten

Es gibt viele Konflikte, mit denen sich eine Führungskraft aus-einandersetzen muß: Konflikte zwischen Mitarbeitern; Konflikte, in die sie selbst hineingezogen wird; und Konflikte mit Widerständen, die ihr aus dem System entgegenschlagen. Es gibt beispielsweise die Konflikte, die sich aus der Rivalität und aus dem Konkurrenzkampf ergeben, oder Konflikte, wenn es um den Umgang mit kranken Mitarbeitern oder um Entlassungen geht.

Konflikte zwischen Mitarbeitern

Ein Abteilungsleiter erzählte mir von zwei Mitarbeitern, einem Mann und einer Frau, die ständig miteinander Streit hatten. Der Mann hatte offensichtlich Probleme mit Frauen und die Frau mit Männern. Die Verletzungen, die sie schon von ihren Eltern und dann später vom anderen Geschlecht erfahren hatten, projizierten sie ständig auf den anderen. Weil sie die eigene Identität als Mann oder Frau nicht wirklich akzeptierten, konnten sie den anderen nicht so annehmen, wie er war. Der eine verletzte den anderen, die Gegenseite versuchte, das heimzuzahlen, indem sie ihn schnitt oder ihm Informationen vorenthielt. Beide suchten in der Firma Gesinnungsgenossen, um den Kontrahenten schlecht-zumachen und für die eigene Sache zu werben. Damit trugen sie den persönlichen Konflikt in die Firma hinein und blockierten damit auch die Kollegen. Der Abteilungsleiter hatte viele Gespräche mit ihnen geführt, aber die haben nur wenig gebracht.

Es ist nicht leicht, solche Konflikte zu lösen. Aber man darf auch die Augen davor nicht verschließen, sonst würde die ganze Abteilung Schaden leiden. Ein Weg ist ein Dreiergespräch. Dabei ist es wichtig, daß sich die Führungskraft aus dem Konflikt heraushält. Jeder der beiden bekommt fünf Minuten Gesprächszeit und darf – ohne daß ihn der andere unterbricht – erzählen, wie er die Situation sieht, was ihn am anderen stört und was er sich von diesem wünscht. Indem er die Wünsche der beiden wiederholt, kann der Vorgesetzte zusammenfassen und fragen, ob vielleicht doch eine Zusammenarbeit in Zukunft möglich ist und welche Hilfen sie brauchen. Auf gar keinen Fall darf er bei dem Gespräch moralisieren, etwa im Sinne: »Ich erwarte, daß Sie sich vertragen. Als vernünftige Menschen müssen wir einander achten und den anderen respektieren.« Solche moralischen Appelle fruchten meistens nicht. Daß man die beiden achtet, erfahren sie aus der Art des Umgangs mit ihnen. Die beiden müssen spüren, daß ihr Konflikt einem weder Angst macht noch unter Druck setzt. Die Führungskraft ist einfach dabei, damit sich in ihnen etwas klärt. Wenn sie sich den Konflikt gelassen anschaut, geht meistens auch etwas von dieser Gelassenheit auf die Kontrahenten über. Nur wenn sich die anderen unauflösbar in ihren Konflikt verwickelt haben, muß sie die Konsequenz ziehen und die beiden voneinander trennen. Das ist nicht immer einfach, vor allem wenn die Abteilung nicht groß genug ist, um jedem seinen Bereich zuzuordnen. Aber man kann zumindest die Arbeitsbereiche etwas voneinander trennen und die Reibungspunkte vermindern.

Wenn der Konflikt wie in unserem Beispiel in der jeweiligen eigenen Lebensgeschichte begründet liegt, hilft gutes Zureden meist nicht. Die unaufgearbeiteten Probleme müßten therapiert werden. Doch ein Chef ist nicht der Seelenarzt für seine Mitarbeiter. Er kann ihnen zwar raten, sich eine Hilfe zu suchen, damit sie mit sich in Frieden leben können, aber verlangen kann er das nicht. Manchmal bleibt dann nichts anderes übrig, als die beiden Kontrahenten zu trennen und ihnen Aufgaben zuzuweisen, bei denen sie nicht viel miteinander zu tun haben.

Eigene Konflikte

Oft wird man selbst in Konflikte hineingezogen. In dieser Situation muß man genau hinsehen, warum das geschehen ist: Sind es sachliche Probleme? Ist der Konflikt durch verschiedene Interessen bedingt? Oder hat jemand mit mir einen Konflikt, weil er auf mich seine eigenen Schattenseiten projiziert oder weil ich ihn an Personen aus seiner Lebensgeschichte erinnere, mit denen er Probleme hatte? Vielleicht reagiere ich wie sein Vater, oder meine Sorge für ihn läßt sofort die Vereinnahmung durch die Mutter in ihm hochkommen. Logischerweise regt er sich über jedes Verhalten auf, das ich ihm gegenüber an den Tag lege.

Natürlich fragt man sich dann, was man verkehrt macht, was den Kollegen an einem so aufregt. Aber man darf nicht alle Schuld bei sich selbst suchen und sollte sich fragen: Was ist da in ihm verletzt, daß er mich verletzen muß? Womit kommt er bei sich nicht zurecht, daß er mich bekämpfen muß? Oder man sagt sich: Es ist sein Problem, wie er reagiert. Es sind seine Schattenseiten, die ich in ihm wachrufe. Ich brauche mich nicht zu entschuldigen, daß ich so bin, wie ich bin. Ich darf ich selber sein. Wenn es den anderen stört, dann ist es seine Sache. Ich kann nichts dafür, daß der andere mich als Projektionsfläche für seine eigenen Probleme benutzt. Ich nehme es wahr und lasse die Projektionen beim anderen. Ich rege mich nicht darüber auf und erwidere seine Projektionen nicht, indem ich beleidigt bin oder ihn bekämpfe. Ich lasse ihn mit sich allein.

Es gibt natürlich auch die andere Seite: Mich ärgert der andere. Ich kann seine Art nicht vertragen, wie er spricht, wie er in der Kantine ißt, wie er einen Raum betritt, wie sich kleidet. Wir sehen den anderen ja nie objektiv, sondern immer schon durch die Brille unserer eigenen Lebenserfahrungen. Die wichtigste Aufgabe ist daher, die Brille zu putzen, den anderen von den Bildern zu befreien, die man ihm übergestülpt hat – das Bild des Vaters, der Mutter, bestimmter Lehrer und Erzieher. Wenn man einen Konflikt mit einem anderen spürt, könnte das immer eine wichtige Quelle der Selbsterkenntnis sein. Man sollte sich fragen, woran der andere einen erinnert und warum einen sein Verhalten so stört. Dann werden einem sicher Situationen aus der eigenen Lebensgeschichte einfallen. Man kann dann den anderen von diesen Erinnerungen trennen und versuchen, ihn objektiver zu sehen. Und sich selbst aussöhnen mit den Erfahrungen der eigenen Lebensgeschichte, die offensichtlich immer noch nachwirken. Je mehr man sich mit sich selbst ausgesöhnt hat und sich annehmen kann, desto weniger wird man sich über andere aufregen.

Umgang mit Widerständen

Ein Mitarbeiter hat im Auftrag der Firma gemeinsam mit seiner Abteilung Grundzüge für die Zukunftsstrategie ausgearbeitet. Jetzt wird sein Strategiepapier in den verschiedenen Abteilungen diskutiert. Externe Berater haben das Papier gutgeheißen. Es sei auch nach deren Ansicht der einzig richtige Weg in die Zukunft. Doch nun blockieren zwei Abteilungen die Umsetzung mit dem Argument, andere Firmen seien daran schon gescheitert. Der Vorstand kann sich nicht entscheiden. Er redet um den heißen Brei herum. Der Mitarbeiter, der für das Papier verantwortlich ist, steht nun im Konflikt. Wenn er sein Papier zurückzieht, steinigt ihn seine eigene Abteilung, die er dafür motiviert hat und die viel Energie in diese Arbeit gesteckt hat.

Wie soll der Abteilungsleiter nun mit dem Widerstand der beiden Abteilungen umgehen? Und wie soll er sich seinem Chef gegenüber verhalten, der ihn hier offenbar im Regen stehenläßt?

Auf keinen Fall macht es Sinn, eine Kampfabstimmung zu initiieren; dabei gäbe es nur Verlierer. Die unterlegene Partei würde die Strategie sabotieren, und so nützte sie keinem. Die erarbeiteten Grundsätze aber einfach zurückzuziehen würde zu Resignation führen, die die eigene Energie und die der Abteilung lähmt. Ein Weg, mit dem Konflikt umzugehen, könnte sein: Einfach die Gegenpartei erzählen lassen, was ihr angst macht, was sie auszusetzen und welche anderen Vorschläge sie hat. Statt sie überzeugen zu wollen, könnte man sie aus ihrer Reserve locken. Sie dürfen alle kritischen Einwände anführen, müssen aber auch konstruktive Vorschläge machen und einen Weg in die Zukunft weisen. Wenn sie dabei ins Stottern geraten, kann man ihnen das bewußtmachen. Vielleicht entpuppen sich ihre Vorschläge in diesem Moment als unrealisierbar oder als Ausdruck von Angst. Vielleicht braucht es auch Geduld. Man muß den anderen zugestehen, daß sie noch mehr Zeit brauchen, um sich entscheiden zu können.

Keinesfalls darf man den Konflikt verschärfen, sonst wird er unlösbar. Ein Zeichen von Achtung wäre es, zu sagen: Gut, wir sind noch nicht so weit, entscheiden zu können. Ich werde die Bedenken ernst nehmen und versuchen, sie in der Strategie zu berücksichtigen. Mit ein paar Wochen Abstand läßt es sich meist vernünftiger reden. Vielleicht haben die anderen Abteilungen gar keine sachlichen Gründe gegen das Papier und fühlen sich einfach nur bei der Entscheidungsfindung übergangen. Wichtig ist, daß man nicht blind in den Konflikt rennt, sondern genauer betrachtet, was da eigentlich abläuft. Und man muß dem Konfliktgegner immer auch zugestehen, daß er eine andere Meinung haben darf.

Das Wort Konflikt kommt vom Lateinischen »confligere«. Es kann »zusammenstoßen« oder »kämpfen« beziehungsweise »streiten« bedeuten. Wichtig ist, wenn zwei Interessen zusammenstoßen, muß man nicht unbedingt aufeinander einschlagen. Man könnte auch eine kreative Lösung finden. Konflikte erzeugen Energie. Sie zeigen, daß der bisherige Weg noch keine Lösung ist. Also macht man sich auf die Suche nach neuen Möglichkeiten. Konflikte sind immer eine Einladung, miteinander ins Gespräch zu kommen und nach gemeinsamen Lösungen zu suchen. Häufig wird diese Lösung in einem Kompromiß enden. Kompromiß stammt von »com-promittere« = »sich gegenseitig versprechen, sich einigen«. Es geht also im Konflikt darum, miteinander zu sprechen und sich schließlich gegenseitig etwas zu versprechen. Konflikte werden normalerweise nie ein für allemal gelöst. Sie zwingen uns, immer wieder neu miteinander zu sprechen und nach Kompromissen zu suchen. Konflikte halten ein Unternehmen lebendig. Und sie halten jeden Manager und jede Managerin lebendig. Notwendig ist es, bei jedem Konflikt genau zu untersuchen, ob er auf der Sachebene oder auf der Beziehungsebene liegt oder ob er in der eigenen Seelenstruktur gründet. Bei Sachkonflikten gibt es Zielkonflikte, Wegkonflikte und Verteilungskonflikte (vgl. Nitzsche, Erfolgreich durch Konflikte, S. 16 f.). Manchmal ist man sich über das Ziel einig, aber nicht über den Weg, der dorthin führt. Oft gibt es aber auch verschiedene Zielvorstellungen. Die Marketingabteilung hat beispielsweise andere Ziele als die Produktionsabteilung. Bei Verteilungskonflikten muß immer ein Kompromiß gefunden werden. Angesichts begrenzter Möglichkeiten ist es nicht immer leicht, eine Lösung zu finden, die allen gerecht wird.

Eine andere Unterscheidung beschreibt die Konflikte entweder als offen, verdeckt oder verschoben. Bei einem offenen Konflikt wissen alle Beteiligten um den Konflikt. Bei verdeckten Konflikten ist es nicht so klar. Man spürt Spannungen, weiß aber gar nicht genau, woher sie rühren. Bei verschobenen Konflikten bricht der Streit an einer Stelle aus, die mit dem eigenen Konflikt gar nichts zu tun hat. (Ebd., S. 12 f.)

Wie einer mit Konflikten umgeht, das hängt immer von seiner eigenen Lebensgeschichte ab. Wenn jemand in einer Familie aufgewachsen ist, in der jeder Konflikt unter den Teppich gekehrt wurde, wird er sich immer schwertun, Konflikte offen anzugehen. Am liebsten würde er sie verdrängen oder verharmlosen. Wer dagegen als Kind ständig Angst hatte, die offenen Streitereien der Eltern würden zu einer Trennung führen, der fühlt sich von jedem Konflikt bedroht. Er wird sofort an die Situation in seiner Kindheit erinnert, an die Ängste, allein zurückzubleiben, hin- und hergerissen zu werden zwischen Vater und Mutter. Wer in seiner Familie eine gute Streitkultur erlebt hat, der hat Lust, Konflikte konstruktiv zu lösen. Sie erzeugen in ihm Energie, während anderen jeder Konflikt viel Kraft raubt. Doch wir sind nicht durch unsere Lebensgeschichte festgelegt, jeder kann lernen, mit Konflikten besser umzugehen. Dabei ist es hilfreich, den gegenwärtigen Konflikt von all den Erlebnissen zu trennen, die man früher mit Konflikten hatte. Man läßt sich einfach auf den Konflikt ein und nimmt die Herausforderung an. Dann motivieren einen gute Konfliktlösungen, auch sonst offener die Probleme anzugehen.

Konkurrenzkampf

Jeder, der in der Wirtschaft arbeitet, hat es mit Konkurrenz zu tun, und zwar in zweifacher Hinsicht: Da gibt es die Mitbewerber am Markt, mit denen man konkurriert. Es gibt auch den Mitbewerber in der Firma, den Rivalen, der einem den eigenen Posten streitig macht oder der sich ebenfalls auf eine ganz bestimmte Stelle bewirbt. Konkurrenz kommt vom Lateinischen »concurrere«, das eigentlich »zusammenlaufen, zusammentreffen« meint. Eigentlich stammt dieses Wort aus dem Sport. Zum 100- oder 1000-Meter-Lauf trifft man sich gemeinsam. Man läuft miteinander. Natürlich ist das Ziel des Miteinander-Laufens, daß man sich mit den anderen mißt, daß man sich von diesen anspornen läßt, mehr zu trainieren und schneller zu laufen. Ein weiteres Ziel besteht darin, in diesem Wettbewerb zu siegen.

Aber siegen kann immer nur einer. Die anderen sind deshalb nicht umsonst zum Wettkampf gekommen. Sie haben auch etwas davon.

Was das Wirtschaftsleben angeht, ist aus dem sportlichen Wettkampf heute allerdings oft ein erbitterter Kampf geworden, der mehr einem Krieg als einem sportlichen Wettbewerb ähnelt. Da will man den Konkurrenten vom Markt fegen, ausschalten, besiegen. Oder man will in der Firma den Konkurrenten keine Chance lassen und ihnen den Weg nach oben verbauen.

Tatsächlich gehört Konkurrenzkampf wesentlich zu unserem Leben, insbesondere zum Wirtschaftsleben. Die Konkurrenz hat auch etwas Gutes. Schon Adam Smith wußte, daß die Konkurrenz den Menschen hilft, ihre Bedürfnisse auf beste und zugleich billigste Weise zu erfüllen. Die Konkurrenz bedeutet eine ständige Herausforderung, an sich zu arbeiten, sich in effektivere Verhaltensweisen einzuüben und neue Ideen für die Produkte zu entwickeln, die man vertreiben möchte. Insofern wäre es eine Illusion, ohne Konkurrenz leben zu können. Das Sprichwort heißt schließlich: Konkurrenz belebt das Geschäft.

Im Zeitalter der Globalisierung wird der Wettbewerb zudem immer schärfer. Und viele Führungskräfte und vor allem mittelständische Unternehmer haben den Eindruck, daß sie diesem harten Kampf nicht mehr gewachsen sind. Beim Sport müssen sich die Wettkämpfer an vorgegebene Regeln halten, in der Wirtschaft hat man heute den Eindruck, daß die Regeln für manche Konkurrenten nicht mehr gelten. Sie verschaffen sich Vorteile, indem sie die Regeln des Anstands und der Fairneß verletzen. Es braucht für eine Firma ein hohes ethisches Bewußtsein, nicht mit genauso unfairen Mitteln zu antworten. Ich fand es gut, daß Jenoptik sich verpflichtet hat, auch in Ländern, in denen Schmiergelder zur normalen Geschäftspraktik gehören, diese Praxis nicht zu übernehmen. Die Firma ist sich bewußt, daß sie dadurch manche Aufträge nicht bekommt. Aber sie vertraut darauf, daß sich auf Dauer die innere Klarheit und Korrektheit, und nicht zuletzt ihr Produkt, auch am Markt durchsetzen. Man braucht einen langen Atem, um sich in einem unfairen Konkurrenzkampf an die Regeln der Fairneß zu halten. Irgendwann wird sich jedoch die Fairneß auszahlen.

Allerdings gibt es in jedem Wettbewerb auch Verlierer. Wer neue Ideen kreiert, der verdrängt oft Konkurrenten vom Markt. Für den einzelnen ist das schmerzlich und hat einschneidende Folgen. Für die Gesamtheit wirkt sich das jedoch häufig positiv aus. Allerdings gibt es auch Konkurrenten, die unfair arbeiten und mit Tricks andere kaputtmachen. Das ist gegen den fairen Wettbewerb. In einem fairen Konkurrenzkampf entwickeln die Wettbewerber immer wieder neue Ideen, die letztlich auf die Bedürfnisse des Menschen eine angemessenere Antwort geben. Die Konkurrenz zwingt jede Firma, wach zu bleiben und genau die Bedürfnisse der Menschen und zugleich die Organisationsform des Unternehmens zu beobachten. Wenn die eigenen Waren zu teuer sind, dann braucht es neue Ideen, sie billiger zu produzieren oder eben so gut zu machen, daß der Preis nicht mehr die wichtigste Rolle spielt.

Jeder im Konkurrenzkampf erlebt für sich den Konflikt, sich entweder auf faire Regeln einzulassen oder im Streben, unbedingt siegen zu wollen, auf unfaire Tricks zurückzugreifen. Wer sich an die Werte hält, hat kurzfristig das Nachsehen. Doch er darf vertrauen, daß er langfristig besser dastehen wird. Allerdings braucht es einen kreativen Umgang mit den Werten. Man muß die Werte, die die Firma vertritt, auch so an den Mann und die Frau bringen, daß sie die Menschen überzeugen.

Neben dem Wettbewerb am Markt gibt es, wie gesagt, auch noch die Mitbewerber, also Konkurrenten, innerhalb des eigenen Unternehmens. Jeder in der Firma hat das Recht, durch gute Arbeit auf eine Besserstellung zu hoffen. Als Führungskraft bin ich nicht privilegiert, sondern muß mich mit anderen messen. Wie geht man aber mit den Konkurrenten in der eigenen Firma um? Da gibt es Führungskräfte, die ihre Konkurrenten madig machen. Sie schnüffeln in deren Privatleben herum und erzählen Schauergeschichten über sie. Oder sie dichten diesen sogar in der Firma Fehler an und machen sie auf diese Weise schlecht. Das ist ein unfairer Konkurrenzkampf. Faire Konkurrenten achten sich gegenseitig. Jeder will zwar gewinnen, aber nach dem Kampf kann man dem anderen noch in die Augen sehen. Zu einem gewonnenen Kampf gehört neben eigenem Verdienst oft auch eine gute Portion Glück. Jeder gute Sieger weiß das und bildet sich deshalb auf seinen Sieg nichts ein. Ein konstruktiver Konkurrenzkampf sollte grundsätzlich offen geführt werden und nach klaren Regeln. Dann verletzt er den Konkurrenten nicht. Er fordert jeden heraus, an sich zu arbeiten. Damit der Konkurrenzkampf ehrlich bleibt, braucht es aber auch einen fairen Chef. Wenn der Chef sich auf Intrigen einläßt oder wenn er parteiisch ist, dann gibt es keinen klaren Wettbewerb mehr.

In manchen Firmen wird aus dem Konkurrenten ein Rivale, ein Nebenbuhler. Hier kommt ein anderer Ton in die Auseinandersetzung. Den Nebenbuhler möchte man verdrängen. Man denkt an alle möglichen unfairen Machenschaften, um den Nebenbuhler aus dem Weg zu räumen. Wenn in einer Firma ein solches Klima herrscht, bekommt der Konkurrenzkampf etwas Unanständiges, Undurchsichtiges. Man muß ständig in der Angst leben, daß jemand einem übel mitspielt. So eine Atmosphäre lähmt. Es entsteht kein sportlicher Wettkampf, sondern ein Intrigenspiel, bei dem nicht die Besten gewinnen, sondern die, die die übelsten Tricks anwenden. Das ethische Bewußtsein geht verloren, auch wenn man es noch so sehr in den Leitlinien des Unternehmens anpreist.

Wichtig ist: Man darf sich von unfairen Rivalen nicht dazu verleiten lassen, auf die gleiche Weise zu reagieren. Authentisch und fair zu bleiben ist hier entscheidend. Das bedeutet, daß man andere Konkurrenten nicht bewertet und beurteilt. Man verzichtet darauf, etwas Negatives über sie zu sagen oder sie gar zu entwerten. Sie sollen sich selbst darstellen. Man sollte keinen Machtkampf mit dem Rivalen anfangen, darf sich aber gegen unlautere Machenschaften der Konkurrenten durchaus wehren. Die mangelnde Fairneß muß beim Namen genannt werden. Der andere soll wissen, daß er nicht alles tun kann, was er möchte. Es gibt noch die Regeln der Fairneß, und auf deren Einhaltung darf man pochen.

Auch im Konkurrenzkampf darf man sich nicht verbiegen lassen. Das heißt, man sollte sich nicht den Vorstellungen der Vorgesetzten anpassen, wie eine heutige Führungskraft zu sein hat, und versuchen, authentisch zu bleiben. Authentische Manager stellen sich der Herausforderung, den Ansprüchen zu genügen, ohne sich deshalb gleich zu verbiegen. Manche Führungskräfte haben mir erzählt, daß oft bei sogenannten Assessment-Centern nur diejenigen genommen werden, die vordergründig selbstbewußt auftreten und sich gut verkaufen können. Das wird auf Dauer der Firma schaden, denn sie baut nur auf Fassade und nicht auf Qualität. Andere Unternehmen schauen nicht nur darauf, wie jemand sich gibt, sondern wie er wirklich ist. Sie beobachten die Bewerber nicht nur in ihrer Selbstpräsentation, sondern wie sie sich beim Essen geben, bei Gesprächen, ob sie zuhören können, ob sie eine angenehme Ausstrahlung haben oder ob von ihnen Kälte und Härte ausgehen. Bei diesen Unternehmen darf man darauf vertrauen, daß man in einer Firma unterkommt, die mehr Kultur hat und Wert auf Menschlichkeit und Klarheit legt.

Mobbing

Eine Krankenschwester kann es nicht verantworten, dem Chefarzt bei der Operation beizustehen, weil sie wahrnimmt, wie unverantwortlich er operiert. Doch ihr Mut, ihre Wahrnehmungen in der Klinikleitung auszusprechen, führt dazu, daß man sie loswerden möchte. So sieht sie sich ständigem Mobbing ausgesetzt.

Eine Erzieherin ist in letzter Zeit öfter krank. Sie steht in der Krise der Lebensmitte und hat damit zu kämpfen, mit sich selbst zurechtzukommen. Die Krankheit gibt ihr die Gelegenheit, sich mit sich selbst auseinanderzusetzen. Doch die Kollegen möchten das nicht mittragen. Sie sehen nur, daß sie selber mehr arbeiten müssen. So wollen sie die Erzieherin loswerden. Mobbing ist ihre subtile Weise, ihr zu vermitteln: Du bist hier nicht erwünscht.

Mobbing ist ein Phänomen, mit dem sich erst in den letzten Jahren Psychologen und Ärzte beschäftigt haben. Es ist ein sehr sensibles Thema. Oft entsteht Mobbing in einer Firma, in der schlecht geführt wird. Verantwortliche verwechseln Führen mit Verletzen. Sie meinen, wenn sie die Untergebenen verletzen, hätten diese Angst vor ihnen. Und das sei eine gute Voraussetzung, daß sie autoritär entscheiden können. Doch dann geben sie die Verletzungen nach unten weiter. Und es entsteht ein Klima, das jede effektive Leistung behindert. Manchmal ist nicht die Führungskraft am Mobbing schuld, sondern unreife Menschen, die neue Mitarbeiter nicht ertragen können, die sich von ihnen nicht verunsichern lassen wollen. Daher versuchen sie, sie hinauszuekeln. Oft trifft ein Mitarbeiter in einem Team auf einen Kollegen, den er an eine Person aus dessen Lebensgeschichte erinnert. Dieser projiziert dann unter Umständen seine negativen Erfahrungen mit dieser Person auf den neuen Mitarbeiter, und der weiß gar nicht, wie ihm geschieht. Er hat nichts Verkehrtes getan. Trotzdem wird er Ziel negativer Projektionen.

Mobbingopfer sehen sich von allen Seiten bedroht. Sie verlieren ihr Selbstvertrauen und wissen oft nicht, wie sie auf die Strategien ihrer Kollegen reagieren können. Wenn man selbst Mobbing erfährt, sollte man sich zuerst fragen, ob dieses durch das eigene Verhalten provoziert wurde. Wenn man bei sich keinen Grund für das negative Verhalten der anderen findet, sollte man seinem Gefühl trauen und die Schuld nicht weiter bei sich selbst suchen. In einem nächsten Schritt kann man versuchen, das Verhalten der anderen einzuordnen: Was haben sie gegen mich? Was bezwecken sie mit ihrer Taktik? Projizieren sie ihre eigenen Probleme auf mich? Bin ich für sie ein Spiegel für ihre eigenen Schwächen? Verunsichere ich sie durch mein Verhalten? Wollen sie niemanden in ihre Gruppe hineinschauen lassen? Haben sie etwas zu verbergen?

Entsprechend dieser Einordnung gilt es dann zu reagieren, indem man sich als Opfer nicht nur vor den Angreifern zu schützen versucht, sondern ihnen auch keinerlei Macht über sich zugesteht. Wichtig ist, nicht auch noch im eigenen Zuhause über deren Verhalten nachzudenken und sich von ihnen bestimmen zu lassen. Man muß ihnen innerlich gleichsam Hausverbot erteilen, daheim also konsequent nicht an diese Personen denken, nicht über sie sprechen und vor allem sich nicht das Leben in der Familie vermiesen lassen. Manche Menschen werden sogar krank, wenn sie Mobbing ausgesetzt sind. Das Mobbing verfolgt sie überall, daheim, bei Freunden, sogar im Urlaub. Sie geben ihren Gegnern zuviel Macht. Der Grund dieser Macht ist oft die eigene Bedürftigkeit. Ich möchte am liebsten bei allen beliebt sein und kann es nicht aushalten, daß andere gegen mich sind. Ich soll mein Bedürfnis zugeben. Das darf durchaus sein. Aber ich muß mich zugleich davon distanzieren. Ich bin nicht nur von der Anerkennung der anderen abhängig. Ich lebe aus einem anderen Grund.

Eine wichtige Strategie im Umgang mit Mobbing ist, sich gezielt von solchen negativ belasteten Beziehungen abzugrenzen und zu distanzieren. Je weniger man auf das Mobbing reagiert, desto weniger Macht bekommt es. Allerdings kann es durchaus passieren, daß keine dieser Strategien fruchtet. Die Fronten sind so verhärtet, daß es keine Hoffnung gibt, sie aufzubrechen. Dann muß man die Konsequenz ziehen und sich etwas anderes – im Notfall eine andere Arbeitsstelle – suchen. Wichtig ist nur, daß man dann aufrecht aus der Situation herausgeht und nicht als Verlierer.

Auch für Führungskräfte gestaltet sich die Situation schwierig, wenn ein Mobbingopfer zu ihnen kommt und sich über die Situation beschwert. Die Frage ist, wie man damit umgehen kann, wie man Hilfen anbieten beziehungsweise vermitteln kann. Das erste ist, das Opfer ernst zu nehmen, gut zuzuhören, was es zu erzählen hat. Erst in einem zweiten Schritt kann man fragen, was helfen könnte oder welche Wünsche dieses an seine Kollegen hat und welche Unterstützung es sich von der Leitungsseite her wünscht. Neben dem Mobbingopfer sollte man sich auch die Gegenseite anhören und fragen, wie sie die Situation sieht. Oft werden die Mitarbeiter abwiegeln und sagen, es sei doch gar nicht so schlimm. Andere erzählen, was ihnen am gemobbten Mitarbeiter aufstößt. Hier gilt es, absolut klarzustellen, daß jeder Mensch ein Recht auf seine Individualität besitzt und Mobbing das schlimmste Armutszeugnis der Intoleranz ist. Zusätzlich würde ich die Mitarbeiter aber auch nach den Wünschen an das Mobbingopfer fragen. Was könnte das Opfer verändern, so daß sie mit ihm besser zusammenarbeiten können? Auf diese Weise läßt sich vielleicht zwischen beiden Seiten vermitteln.

Trotz allem müssen die »Täter« aber lernen, bei sich zu bleiben und den anderen sein zu lassen, wie er ist. In dem Zusammenarbeiten und Zusammenleben innerhalb einer Firma braucht es Toleranz. Diese umzusetzen ist eine Aufgabe menschlicher Reifung, die jeder irgendwann in seinem Leben lernen muß, wenn er einigermaßen zurechtkommen will. Wenn ich als Führungskraft allerdings merke, daß die Situation zu verfahren ist, dann würde ich die Abteilung anders organisieren und die Kompetenzen so verteilen, daß die Berührungspunkte mit dem Mobbingopfer kleiner werden. Gegebenenfalls sind Versetzungen eine Lösung. Allerdings würde ich mit dem gemobbten Mitarbeiter erst einige Gespräche führen, was er für sich lernen könnte, damit ihm in der neuen Abteilung nicht ähnliches widerfährt. Und ich würde ihn gut in die neue Abteilung einführen, damit das Miteinander gelingen kann. Einer Abteilung, die einen Mitarbeiter mobbt, dieses Verhalten zu verbieten, nützt meistens nicht. Denn Mobbing ist Ausdruck unreifen Verhaltens. Und durch moralische Appelle kann ich die Menschen nicht reifer machen. Allerdings ist es manchmal durchaus heilsam, eine Abteilung mit ihrem Mobbing-Verhalten zu konfrontieren und ihnen zu spiegeln, was das mit Mitarbeitern macht und was eventuell mit ihnen machen würde, wenn sie zum Opfer würden.

Umgang mit kranken Mitarbeitern

Ein Teamleiter erzählte mir von einem Mitarbeiter mit Alkoholproblemen. Er sprach mit ihm und zeigte ihm die Konsequenzen seines Verhaltens auf. Er machte ihm klar, daß, wenn er nichts dagegen tue, er ihn entlassen müßte und dieser sich seine eigene Zukunft damit verbauen würde. Der Mitarbeiter sah es ein. Er ging auf Entziehungskur und ist seitdem trocken.

Ein Werkstattleiter hatte einen Mann, der bisher in seiner Gruppe gearbeitet hatte. Dieser sagte, seit seinem Bandscheibenvorfall käme er mit dem Tempo nicht mehr mit. Der Werkstattleiter glaubte ihm. Er wußte, daß der Mitarbeiter sich bisher immer mit voller Kraft eingesetzt hatte. Er setzte ihn da ein, wo er seine Fähigkeiten und Möglichkeiten einbringen konnte. Dort blühte der Mann auf und freute sich, daß er weiterhin in der Firma bleiben konnte, ohne sich ständig zu überfordern.

In allen Führungsseminaren komme ich auf den Umgang mit kranken Mitarbeitern zu sprechen. Für mich zeigt sich die Kultur eines Unternehmens darin, wie es mit seinen kranken Mitarbeitern umgeht. Alle Führungskräfte springen auf dieses

Thema an. Sie haben alle schon ihre Erfahrungen damit gemacht, gute und schlechte, ermutigende und enttäuschende.

Gegenüber den geschilderten positiven Erfahrungen mit kranken Kollegen gibt es auch negative. Ein Mitarbeiter beispielsweise ist immer am Montag krank. Jeder weiß, daß er einfach krankfeiert, um ein verlängertes Wochenende zu haben. Aber man kann ihm nichts nachweisen. Ein anderer läßt sich immer von seinem Arzt krank schreiben, sobald mehr Arbeit in der Abteilung anfällt. Das ärgert die Kollegen, aber gegen eine offizielle Krankschreibung kann man nicht vorgehen. Es gibt Mitarbeiter, die mit ihrer Krankheit ihre Aggression gegenüber der Firma ausleben. Sie haben das Gefühl, die Firma habe sie genügend ausgenützt. Jetzt drehen sie den Spieß herum und lassen sich bei jeder Gelegenheit krank schreiben. Oder sie lassen sich bescheinigen, daß sie bestimmte Arbeiten, die ihnen nicht liegen, nicht mehr leisten können.

Für eine Führungskraft ist es sehr schwierig, objektiv zu beurteilen, ob der Mitarbeiter wirklich krank ist oder sich die Krankheit nur ausdenkt und bescheinigen läßt. Wer einem Kranken unlautere Motive unterschiebt, kann diesen tief verletzen. Umgekehrt kann der Kranke auch Macht über seinen Vorgesetzten ausüben. Die einzelne Führungskraft ist da oft überfordert. Sie kann auf ihren gesunden Menschenverstand hören, aber ob sie immer richtig liegt, ist eine andere Frage. Viele Betriebe haben inzwischen Betriebsärzte oder Sozialkräfte, die in diesen Fällen einen guten Rat geben können. Es ist wichtig, daß ein Unternehmen Mitarbeiter, die sich jahrelang für die Firma eingesetzt haben und dabei krank geworden sind, weiterhin beschäftigt und sie nicht einfach entläßt, weil sie die Leistung nicht mehr erbringen. Und die Firma muß den Kranken eine Chance geben, daß sie ihre Krankheit überwinden. Das gilt vor allem bei psychischen Erkrankungen. Oft ist die psychische Erkrankung ein Hilferuf der Seele, daß sie die körperlichen und seelischen Belastungen bei der Arbeit nicht mehr verkraftet. Auch hier ist es wichtig, Fachleute zu Rate zu ziehen. Nur mit dem Appell an den gesunden Menschenverstand ist hier nichts zu machen. Da braucht es Sensibilität für den Kranken und zugleich Fachwissen, um die Krankheit richtig einzuordnen. Die Firma darf kein Klima erzeugen, in dem man nicht mehr krank sein darf, in dem man ein schlechtes Gewissen haben muß, sobald man krank ist. Umgekehrt darf sie sich natürlich auch nicht von »Lebenskünstlern« ausnutzen lassen, die ihre Krankheit als geschicktes Mittel einsetzen, um es sich bequemer zu machen. Es ist immer eine Gratwanderung, wie man als Verantwortlicher mit dem Thema Krankheit in der Firma umgeht. Es braucht gerade hier Hilfen und ein offenes Gespräch mit Fachleuten, damit man die kranken Mitarbeiter nicht verletzt, sondern ermutigt und ihnen einen Weg eröffnet, wie sie mit ihrer Krankheit dennoch arbeiten und in der Arbeit vielleicht wieder stabiler und gesünder werden können.

Mitarbeiter entlassen

Der Personalchef einer großen Firma, der in einer Krisensituation viele Mitarbeiter entlassen mußte, erzählte mir, daß das für ihn eine sehr schmerzliche Erfahrung gewesen sei. Aber er habe daraus gelernt; seither weigere er sich, das Mittel der Massenentlassung anzuwenden. Er verlange zuerst, andere Wege zu überlegen, wie man die Mitarbeiter flexibler einsetzen könne. Und mit dieser Strategie hat er Erfolg gehabt.

Es ist ein schwerer Konflikt, in den Führungskräfte immer wieder gestellt werden, wenn die Entlassung von Mitarbeitern ansteht. Manche Sanierer sehen in der Entlassung von Mitarbeitern das einzig probate Mittel. Doch das ist eine phantasielose Maßnahme. Es gibt meist noch andere Wege, die Firma über Durststrecken zu bringen.

Trotzdem gibt es immer wieder Situationen, in denen ein Firmenchef Mitarbeiter entlassen muß, um für die anderen Mitarbeiter weiterhin einen sicheren Arbeitsplatz zu garantieren. Und es gibt natürlich die Entlassung von Mitarbeitern, die aus unterschiedlichen Gründen nicht mehr tragbar sind. Es ist immer eine bittere Erfahrung, jemandem sagen zu müssen, daß er entlassen wird. Wenn wir an die Familie des Mitarbeiters denken oder an seine persönliche Situation, an die Hoffnungslosigkeit, die sich in ihm breitmacht, dann können wir nicht einfach rein rechnerisch sagen, der und jener müsse entlassen werden. Dann ist jede Entlassung auch ein persönliches Drama. Aber es liegt an uns, daß wir dieses Drama menschlich gestalten. Auch wenn ich einem Mitarbeiter die Entlassung zumute, muß ich immer seine Würde wahren. Es darf keine leere Floskel sein, daß es mir leid tue, ihn zu entlassen. Er muß es auch spüren, daß ich mir die Entscheidung nicht leichtgemacht habe. Und er muß meine Sorge für ihn wahrnehmen. Ich kann ihn fragen, ob ich ihm behilflich sein könne, eine andere Stelle zu suchen, ob er sich schon Gedanken gemacht habe, welche neuen Möglichkeiten für ihn bestehen. Manchmal kann eine Kündigung für diesen Mitarbeiter ja auch eine Chance sein, etwas ganz Neues zu wagen, alte Träume vom Leben wahr zu machen und sich beruflich ganz neu zu orientieren. Zumindest sollte man ihm für seine Mitarbeit danken und das Positive ansprechen, das man bei ihm wahrgenommen hat. Grundsätzlich sollte man stets so mit ihm umgehen, daß man sich auch später noch in die Augen blicken kann.

Wenn in manchen Firmen anonym Entlassungsbriefe verschickt werden, dann ist das Ausdruck von Feigheit und von mangelnder Wertschätzung der Mitarbeiter. Es wird in ihnen Bitterkeit hervorrufen. Sie haben sich für die Firma angestrengt. Doch offensichtlich ist nun der Lohn für ihre Arbeit, daß man sie einfach in die Wüste schickt, ohne persönlich mit ihnen zu reden. Wenn die Mitarbeiter dagegen spüren, daß es dem Chef schwerfällt, sie zu entlassen, daß er mit dieser Entscheidung gerungen hat, dann werden sie sich als Mensch behandelt fühlen. Und sie werden vielleicht später gerne an die Firma zurückdenken.

Noch schwieriger ist es, wenn man sich von Mitarbeitern trennen muß, weil sie sich mit ihrem Verhalten gegen die Firma gestellt haben oder einfach nicht die Leistung erbringen, die man von ihnen erwartet hat. Immer häufiger enden solche Entlassungen vor dem Arbeitsgericht. Und dort wird der Gutmütige, der lange Geduld hatte mit einem schwierigen Mitarbeiter, noch bestraft. Er hätte gleich Abmahnungen schreiben sollen. Oder Mitarbeiter, die man aus Mitleid eingestellt hat, um ihnen zu helfen, haben ihre Chance nicht genutzt. Nun drehen sie den Spieß um und kämpfen mit rechtlichen Schritten gegen die Entlassung. Viele mittelständische Unternehmen haben da schmerzliche Enttäuschungen erlebt. Und manchmal verstehe ich, daß Unternehmer hart werden, weil sie so oft enttäuscht worden sind, wenn sie Menschlichkeit gezeigt haben. Trotzdem ist es wichtig, daß man sich auf jeden einzelnen Menschen einläßt und ihm gerecht wird. Nur allzu leicht schleichen sich dann Vorurteile in unsere Köpfe ein, und wir scheren alle zu entlassenden Mitarbeiter über den gleichen Kamm. Damit tun wir ihnen aber unrecht. Man muß sich die Mühe machen, sich mit jedem einzelnen abzugeben und ihn zu verstehen suchen. Oft helfen alle Ermahnungen nicht, daß der Mitarbeiter sein Verhalten ändert. Manchmal braucht es dann die Konfrontation mit der Grenze, daß sich in ihm etwas wandelt. Auf jeden Fall soll mein Glaube an das Gute ihn begleiten und meine guten Wünsche, die ernst gemeint sind. Bei allem Ärger über das Fehlverhalten von Mitarbeitern braucht es immer auch die Achtung vor der Würde des anderen und den Glauben an den guten Kern im anderen.

Heute wird das Klima in Firmen leider immer rauher. Das führt dazu, daß manchen Mitarbeitern auch zu Unrecht gekündigt wird. Weil man jemanden aus persönlichen Gründen loshaben möchte, erfindet man alle möglichen Gründe für seine

Entlassung. Wem auf solche Weise gekündigt wird, der wird zutiefst verletzt. Er verliert oft alle Selbstachtung, und vor allem vermag er kaum mehr einer Autorität zu vertrauen. In dieser Situation ist es wichtig, sich innerlich gegen diese Kränkung zu wehren und einen gesunden »Selbststand« zu gewinnen. Sonst wird man innerlich immer schwächer.

Früher undenkbar, so werden heute nicht nur einfache Mitarbeiter, sondern oft genug auch leitende Angestellte oder Führungskräfte gekündigt. Wenn die Firma fusioniert oder von einer fremden Gesellschaft übernommen wird, werden meist auch die Leitungsaufgaben neu zusammengeführt. Die Folge ist, daß viele Managerinnen beziehungsweise Manager entlassen werden. Sie, die sich lange sicher fühlten, erleben dann von heute auf morgen, daß man sich auf nichts mehr verlassen kann. Wenn sie außerdem noch ein gewisses Alter erreicht haben, werden sie zudem kaum mehr eine entsprechende Arbeitsstelle finden. Dazu kommt, daß eine Kündigung im Managementbereich oftmals auf besonders unwürdige Weise durchgeführt wird. Das ist eine besonders schmerzliche Erfahrung für die Betroffenen, die viele in tiefe Krisen stürzt. Dessen sollte man sich nun besonders bewußt sein und sich als Führungskraft, die unter Umständen auch einmal einen Mitarbeiter entlassen muß, fragen: Möchte ich so gekündigt werden, wie ich jetzt diesen Mitarbeiter entlasse? Wie möchte ich behandelt werden, wenn es für mich selbst auf eine Entlassung hinausgeht? Solche Überlegungen machen uns sensibler, wenn wir vor die Frage der Entlassung von Mitarbeitern gestellt werden.

Christliche Spiritualität
im Beruf leben

Vertrauen

Der hl. Benedikt warnt den Abt davor, allzu mißtrauisch zu sein. Denn – so sagt er – er käme nie zur Ruhe. Wer seine Mitarbeiter ständig argwöhnisch beobachtet und hinter allem Verhalten egoistische Motive und Sabotageakte wittert, der kommt nie zur Ruhe. Er möchte alles kontrollieren, weckt aber mit seiner Kontrolle so viel Gegenkraft, daß das Klima heillos vergiftet wird. In so einem giftigen Klima kann man noch so gute Kontrollinstrumente einsetzen. Sie greifen ins Leere. Besser ist Vertrauen.

Doch wie lerne ich Vertrauen? Viele meinen, Vertrauen sei eine Sache des Urvertrauens, das man entweder als Kind von der Mutter mitbekommen hat oder nicht. Urvertrauen meint die Erfahrung, daß ich willkommen bin auf dieser Erde und daß ich mir selbst und den Menschen trauen kann. Aber was macht jemand, der dieses Urvertrauen nicht genügend erfahren hat? Jeder Mensch hat als Kind ein anderes Maß an Vertrauen erlebt. Das wirkt sich auf sein Verhalten in der Gegenwart, vor allem auch auf das Berufsleben aus. Dem einen fällt das Vertrauen in die Mitarbeiter und in die Zukunft leichter. Der andere tut sich von seiner Struktur her schwer.

Für mich ist Vertrauen nicht nur eine menschliche Veranlagung, man kann es auch lernen. Da gibt es beispielsweise die psychologischen Wege: Wenn ein Manager Mißtrauen einem Mitarbeiter gegenüber spürt, kann er versuchen, sich in diesen hineinzuversetzen. Vielleicht entdeckt er dann auch dessen gute Seiten. Oder er kann sich fragen, woher das Mißtrauen kommt: Erinnert mich dieser Mitarbeiter vielleicht an Personen aus meiner Lebensgeschichte, mit denen ich schlechte Erfahrungen gemacht habe? Oder sehe ich einfach grundsätzlich alles und jeden negativ? Ähnlich ist es mit dem Vertrauen in die Zukunft der Firma. Sehe ich da immer alles schwarz? Welche Gründe gibt es dafür? Was könnte mir helfen, auf die Zukunft zu setzen? Man kann versuchen, die eigenen Lebensmuster genauer anzuschauen und sie langsam durch andere zu ersetzen.

Des weiteren gibt es auch den Weg der Autosuggestion. Man sagt sich vor: »Ich bin voll Vertrauen. Ich sehe vertrauensvoll in die Zukunft.« Das kann bis zu einem gewissen Grad helfen. Aber manchmal gleicht es zu sehr einer Selbstmanipulation – man muß alles positiv sehen. Doch das ist unrealistisch, es gibt ja auch das Negative. Und nur wenn man beide Seiten sieht, wird man der Wirklichkeit gerecht.

Für mich ist Vertrauen letztlich eine spirituelle Aufgabe. Jeder hat ein gewisses Maß an Vertrauen und Mißtrauen von seinen Eltern mitbekommen. Jetzt ist es die Aufgabe des einzelnen, sich mit diesem Maß immer wieder Gott auszusetzen und Gott zu bitten, daß er seine schützende Hand über ihn und die Firma hält. Dann muß man nicht alles selbst machen, und dann kann leichter Vertrauen wachsen: Es liegt nicht an mir, ob ich vertraue. Ich überantworte die Mitarbeiter und das Unternehmen Gott. Ich vertraue sie seinem Schutz und Segen an. Wenn ich für einen Mitarbeiter, mit dem ich mich schwertue, gebetet habe, dann werde ich ihm anders begegnen. Das Gebet entlastet mich von aller Selbstmanipulation. Ich versuche, mit den Augen des Glaubens auf den anderen zu sehen und an das Gute in ihm zu glauben.

Der hl. Benedikt schärft seinen Mönchen immer wieder ein, in jedem Menschen Christus zu sehen. Es ist nicht so einfach, in einem schwierigen Mitarbeiter Christus zu erkennen und an seinen guten Kern zu glauben. Vor allem bedeutet es nicht, daß man eine rosarote Brille aufsetzt und über alles Negative hinwegsieht. Dann würde man bewußt die Augen vor der Realität verschließen und sich etwas vormachen, weil man es nicht aus-

hält, das Negative anzusehen. Der Glaube an Christus im Bruder und in der Schwester heißt vielmehr, daß ich den anderen so
sehe, wie er ist – auch mit seinem negativen Verhalten, auch mit
seiner Bosheit. Aber ich lege ihn nicht darauf fest. Ich schaue
durch die dunkle Fassade hindurch, um den guten Kern in ihm
zu entdecken. Jeder Mensch sehnt sich in seinem Herzen nach
dem Guten. Albert Görres, der Münchner Psychiater, meinte
einmal, das Böse tue keiner aus Lust am Bösen, sondern immer
aus Verzweiflung. Wenn ich in dem verzweifelten Menschen
seine Sehnsucht, gut zu sein, im Einklang mit sich und mit den
Menschen zu sein, entdecke, kann ich durch meinen Glauben in
ihm den guten Kern hervorlocken. Der Glaube verwandelt die
Menschen. Jesus sagt von diesem Glauben: »Wenn jemand zu
diesem Berg sagt: Heb dich empor, und stürz dich ins Meer!,
und wenn er in seinem Herzen nicht zweifelt, sondern glaubt,
daß geschieht, was er sagt, dann wird es geschehen.« (Mk 11,23)
Das klingt für uns unrealistisch. Jesus hat sicher damit auch
keine Zauberkunststücke im Sinn gehabt. Vielmehr ermutigt er
uns, an das Wunder der Verwandlung auch in einem Menschen
zu glauben. Jeder kann sich ändern. Und jeder sehnt sich da-
nach, im Einklang mit sich zu sein, zufrieden zu sein, gut zu sein.

Auch das Vertrauen in die Zukunft ist niemandem einfach nur
gegeben. Für mich ist es eine spirituelle Aufgabe, vertrauensvoll in die Zukunft zu sehen. Dabei übersieht ein guter Manager
nicht die Gefahren, die die Firma möglicherweise erwarten.
Aber er vertraut sich und seine Arbeit für das Unternehmen
Gott an. Dabei darf der Glaube keine Flucht vor der Realität
sein. Mitten in einer Wirklichkeit, die momentan nicht sehr
rosig aussieht, vertraut er darauf, daß Gott ihm und der Firma
den Segen nicht versagt. Manchen, die sich schwer mit dem Vertrauen tun, möchte ich den Psalm 23 zur Meditation geben: »Der
Herr ist mein Hirte, nichts wird mir fehlen.« (Ps 23,1) Sicher,
Gott ist keine Garantie, daß alles gutgehen wird. Aber wenn ich
diesen Psalmvers immer wieder meditiere, wächst in mir das

Vertrauen, daß meinem Kern nichts passieren kann, das ihn zerstört. Gott kann mich in Situationen führen, in denen scheinbar alles zusammenbricht. Aber auch dann bin ich nicht allein gelassen. Auch dann wird Gott mir seine Hand nicht entziehen. Dieses Wissen ist das Fundament, auf dem ich aufbauen kann. Es ermöglicht mir, in schwierigen Situationen den Kopf nicht in den Sand zu stecken, sondern nach Lösungen Ausschau zu halten. Ich werde dann meinen eigenen Verstand einschalten, aber immer in der Bitte, daß Gott meine Überlegungen segnen möge.

Achtsamkeit

Der Konkurrenzkampf zwingt Manager und Managerinnen zur Wachheit und zur Achtsamkeit. Sie müssen gut darauf achten, wie andere Unternehmen heute handeln, welche neuen Ideen diese entwickeln und wie sich die Bedürfnisse der Menschen ändern. Sie brauchen also ein gutes Gespür für den Menschen und dessen Bedürfnisse und Sehnsüchte. Man kann nicht einfach nur möglichst billige alte Produkte weiter produzieren und versuchen, sie mit großer Werbung am Markt durchzusetzen. Es geht heute mehr denn je um Innovation. Und innovativ wird ein Manager nur sein, wenn er achtsam durch die Welt geht. Wo sind die wahren Bedürfnisse der Menschen? Wo drückt sie der Schuh? Was könnte ihnen wirklich helfen? Womit kann ich ihre Sehnsucht ansprechen?

Achtsamkeit bedeutet aber mehr, als ein gutes Marketing zu entwickeln. Letztlich geht es in puncto Achtsamkeit auch darum, sich selbst zu fragen, was denn der Sinn des eigenen Lebens ist und wie man den Menschen bei ihrer Sinnfindung helfen kann. Der Achtsame wird sich mit dem Ringen der Menschen befassen, das Leben in veränderter Zeit zu bestehen. Und er wird überlegen, wie er die Menschen dabei zu unterstützen vermag. Achtsamkeit braucht es daneben aber auch innerhalb eines Unternehmens, im Umgang mit den Mitarbeitern. Viele Führungskräfte haben in Seminaren gelernt, wie sie ihre Mitarbeiter motivieren können. Doch viele Motivationsinstrumente nutzen sich sehr schnell ab. Sie greifen nicht mehr. Da braucht es die Achtsamkeit, um sich immer wieder in die Mitarbeiter hineinzuversetzen und sich vorzustellen, wonach sie sich wirklich sehnen, was sie im Tiefsten umtreibt und wie ich in ihnen die Lust am Arbeiten wecken kann. Motivation darf kein Trick sein, die Mitarbeiter zu immer mehr Arbeit anzutreiben. Ich muß vielmehr spüren, was ihrer Arbeit Sinn gibt. Wenn sie Sinn in ihrer Arbeit oder in den Zielen der Firma sehen, dann werden sie auch gerne arbeiten. Und ich muß mich in jeden einzelnen hineinfühlen, um zu erspüren, wo seine Blockaden sind und wie sie sich eventuell lösen lassen. Was würde seine Energie zum Fließen bringen? Wenn die Energie des Mitarbeiters fließt, dann tut ihm das auch gut. Natürlich hat auch das Unternehmen etwas davon. Aber die Mitarbeiter spüren, ob man sie nur zum Nutzen der Firma auspressen möchte oder sie selbst achtet. Achtsamkeit kommt von achten. Ich achte die Mitarbeiter. Ich respektiere sie in ihrer Einmaligkeit. Und ich schaue genau hin, wo ihre Stärken liegen und auf welche Weise in ihnen das Leben aufblühen könnte.

Und noch ein weiterer Punkt: Achtsamkeit meint auch, daß ich auf mich selbst aufpasse. Ich kontrolliere mich und mein Verhalten dabei nicht, sondern ich achte darauf, was von mir ausgeht, wo meine Emotionen das Miteinander trüben, wo meine Launen mich daran hindern, mich auf die Mitarbeiter einzulassen. Der hl. Benedikt verlangt vom Cellerar, er solle immer auf seine eigene Seele achten. Das heißt für mich, auf meine Gefühle, meine Stimmung und auf meinen Leib zu achten: Wie fühle ich mich, wenn ich morgens zur Arbeit gehe? Muß ich mich dazu zwingen? Oder gehe ich gerne? Habe ich Angst vor schwierigen Gesprächen, vor den ungelösten Konflikten, vor bestimmten Mitarbeitern? Gibt es in mir ein Gefühl von Bitterkeit, von Ausgenütztwerden, von Alleingelassenwerden? Solche Gefühle dürfen durchaus auftreten. Aber man muß darauf achten, sonst werden die verdrängten Emotionen das Führungsverhalten beeinträchtigen. Mehrere Unternehmer berichteten mir, daß sie alles durcheinanderbringen, wenn sie selbst innerlich unaufgeräumt in der Firma erscheinen. Es kommt sehr viel darauf an, was von uns ausgeht. Oft ist es uns nicht bewußt. Darum braucht es die Achtsamkeit, damit wir unser bewußtes Verhalten nicht durch die unbewußte Ausstrahlung verfälschen.

Wer solche negativen Gefühle in sich wahrnimmt, muß reagieren. Sie sind eine Einladung, besser für sich zu sorgen, sich mehr zu entspannen und zu erholen. Vielleicht war es wirklich zuviel Arbeit, die mich so gereizt und empfindlich gemacht hat. Oder es waren Enttäuschungen, die ich heruntergeschluckt und verdrängt habe und die sich jetzt in Bitterkeit ausdrücken. Wenn ich Aggression, Angst, Bitterkeit, Druck in mir wahrnehme, dann kann ich das am Morgen vor der Arbeit nicht alles auflösen. Aber ich kann die Gefühle wahrnehmen und zugeben. Zugleich aber distanziere ich mich für den Augenblick. Ich spüre, daß ich da mal genauer hinschauen muß. Aber jetzt, wenn ich zur Arbeit gehe, versuche ich nur, Abstand zu ihnen zu gewinnen. Sie dürfen sein, aber ich stelle sie zurück. Und ich weiß, daß ich für mich gut sorgen muß. Die Mitarbeiter merken mir an, mit welchen Gefühlen ich morgens zur Arbeit komme.

Die Mitarbeiter eines großen Konzerns erzählten mir, bei ihnen gelte die Devise: »Augen zu und durch!« Anstatt auf die Gefühle zu achten, sollte man einfach die Augen schließen und sich zwingen, durch die Probleme hindurchzugehen. Das kann für ein paar Wochen mal hilfreich sein. Aber auf Dauer ist es sicher keine Lösung. Sonst wird man blind und rennt gegen die Mauer. Es ist besser, Probleme offen anzuschauen, sie sich einzugestehen und dann nach Strategien zu suchen, wie man mit ihnen umgehen kann. Statt die Augen zu schließen, wäre es hilfreicher, einen Schritt zurückzutreten und von einer gesunden Distanz aus auf die Probleme zu schauen. Dann fallen einem vielleicht eher Lösungen ein.

Wenn jemand auf seine Gefühle achtet, wird er oft auf Einstellungen in sich stoßen, die ihm das Leben schwermachen. Vielleicht ist es die Idee, immer der Beste oder der Schnellste sein zu müssen. Plötzlich merkt man, daß das nicht mehr geht.

Dann sollte man sich fragen, ob die Erwartungen an sich selbst realistisch und hilfreich sind oder ob man sich damit unter Druck setzt und überfordert. In so einer Situation verlangt die Achtsamkeit, daß ich mir andere Grundsätze gebe. Statt mich auf Schnelligkeit und Durchsetzungskraft festzulegen, sehe ich meine Stärke darin, den Mitarbeitern den Rücken zu stärken, ihnen zuzuhören, ihnen das Gefühl zu geben, daß sie wertvoll sind. Wenn ich meine Grundsätze so ändere, daß sie für mich stimmen, werden sie mich nicht mehr unter Druck setzen. Dann wird sich meine Seele wieder frei fühlen. Und ich werde gerne zur Arbeit gehen. Ich werde mich auf die Mitarbeiter freuen, mit denen ich gemeinsam die Aufgaben zu lösen versuche.

Achtsamkeit heißt aber auch, daß ich mich selber achte. Wenn ich spüre, daß mich negative Emotionen bestimmen, dann entwerte ich mich nicht, sondern ich bin es mir wert, daß ich für mich sorge. Ich achte auf meine Seele, auf das Gleichgewicht der Seele, das der hl. Benedikt vom Cellerar erwartet. Ich stelle mich nicht unter Leistungsdruck, als ob ich immer gelassen sein müßte. Aber ich achte darauf, was mein Gleichgewicht stört. Und ich gebe auf mich selbst acht, damit ich wieder in Einklang komme mit mir selbst. Sich selbst achten, das heißt auch, daß man sich Zeit gönnt für sich, daß man sich verabschiedet von der Illusion, immer nur geben und leisten zu können. Jeder hat auch Bedürfnisse. Und die müssen ebenso in angemessener Weise befriedigt werden, damit es möglich ist, gut weiterzuarbeiten.

Marc Aurel, der Philosoph auf dem römischen Kaiserthron, hat sich in seinen Selbstgesprächen immer wieder dazu eingeladen, sich auf seine eigene Seele zurückzuziehen. Für ihn bedeutete auf seine Seele achten, sich vom Schlachtenlärm, dem er als oberster Feldherr ständig ausgesetzt war, in sein Innerstes zu flüchten. Dort drang der Lärm von außen nicht hin. Dort war er mit sich selbst allein und im Frieden. Was Marc Aurel von der stoischen Philosophie her beschrieben hat, das haben die Mystiker als Hinwendung zum innersten Seelengrund verstanden. In jedem – so sagen die christlichen Mystiker – ist ein Raum, zu dem die Menschen keinen Zutritt haben, in dem sie niemand verletzen kann, zu dem die Probleme nicht vordringen. In diesen Raum des Schweigens sollte jeder sich immer wieder zurückziehen. Dann vermag man von diesem inneren Ort der Stille her besser und objektiver auf die Fragen zu reagieren, die von außen auf einen einströmen.

Gleichgewicht von Beruf und Privatleben

Wir können unseren Beruf nur dann mit Liebe ausfüllen, wenn wir nicht in ihm aufgehen, sondern auch im privaten Bereich Erfüllung finden. Der Beruf gibt nicht alles her. Es ist schön, sich in einem Unternehmen zu engagieren. Aber wenn wir mit dem Beruf verheiratet sind, dann werden wir auf Dauer nicht glücklich sein. Wir haben noch andere Bedürfnisse, wir sind nicht einfach unser Beruf. Und vor allem können wir die Enttäuschungen im beruflichen Alltag besser wegstecken, wenn wir zu Hause eine gute Lebenskultur entwickelt haben. Manche sehnen sich nach dem idealen Beruf, doch die ideale Stelle gibt es kaum. Überall gibt es auch Routine oder Strukturen, die nicht optimal sind. Man kann sich daran aufreiben, dann raubt man sich viel Energie. Oder aber man kann diese Einschränkungen relativieren. Das gelingt jedoch nur, wenn man daheim vom Beruf abschalten kann und gerne nach Hause geht.

Für die meisten, die beruflich stark eingespannt sind, ist es ein Problem, wie sie Beruf und Familie miteinander verbinden können. Sie kommen oft spät nach Hause, sind erschöpft oder müssen den Tag erst einmal verarbeiten und haben dann Schuldgefühle, daß sie zuwenig für ihre Lebenspartner oder ihre Familie da sind. Manchmal vermitteln die Kinder ihnen auch direkt, daß sie mehr Zeit mit ihnen verbringen möchten. Der Partner oder die Partnerin reagiert unzufrieden, daß so wenig Zeit zum Gespräch und Austausch über persönliche Dinge bleibt. Viele sind nach der Arbeit so erschöpft, daß sie die zusätzlichen häuslichen Angelegenheiten und Probleme am liebsten verdrängen. Sie scheuen Konfliktgespräche zu Hause und verstecken sich dann noch mehr hinter der Arbeit. Sie haben einfach die Energie nicht mehr, sich auch daheim auf die oft schwierigen Beziehungsprobleme einzulassen. Eine amerikanische Untersuchung hat ergeben, daß viele Führungskräfte länger in der Firma bleiben als nötig, weil sie dort Anerkennung finden, während sie nicht wissen, wie sie mit dem pubertierenden Sohn umgehen sollen. Während man in der Firma anerkannt wird, hagelt es bei vielen daheim nur Kritik oder Vorwürfe. Und so entsteht ein Teufelskreis beruflicher Überlastung und familiärer Probleme. Oft führt das dann zur Flucht in Hobbys oder sportliche Aktivitäten oder, im schlimmsten Fall, in den Alkohol oder andere Rauschmittel. Was die Familie von einem berufstätigen Vater oder von einer berufstätigen Mutter braucht, ist zuerst die Verläßlichkeit. Der Partner oder die Partnerin muß wenigstens ungefähr wissen, wann man nach Hause kommt. Und die Kinder müssen sich darauf verlassen können, daß der Vater und die Mutter zu bestimmten Zeiten für sie da sind. Sollte etwas dazwischenkommen, sind ein Anruf, eine Entschuldigung und eine neue Verabredung – die dann auch eingehalten wird – unabdingbar.

Ein Ehepaar erzählte mir, daß es ständig darüber streitet, weil der Mann verspricht, um 19.00 Uhr zu Hause zu sein, das aber nicht einhält. Die Frau kocht für diese Zeit und muß immer wieder warten, bis der Mann endlich kommt. Manchmal ruft er an, daß er erst um 20.00 Uhr kommt, doch dann wird es häufig 21.00 Uhr. In der Partnerschaft braucht es Sicherheit. Wenn immer einer warten muß, wann der andere endlich nach Hause kommt, wachsen die Enttäuschung und Bitterkeit. Damit die Ehefrau in unserem Beispiel Verständnis aufbringen kann für die vielen oft unvorhergesehenen Verpflichtungen des Ehemannes, braucht sie Flexibilität, aber auch seine Verläßlichkeit. Daß etwas dazwischenkommen kann, ist natürlich. Aber zumindest sollte man dann bei seinem Anruf eine Zeit angeben, auf die der andere sich verlassen kann. Dann kann er beziehungsweise sie sich entsprechend einstellen und verständnisvoll reagieren. Wenn es jedoch zu oft geschieht, daß der Berufstätige von einem Termin zum anderen hetzt, sollte man gemeinsam überlegen, wie man mit dieser Situation besser zurechtkommen kann.

Im Beruf gibt es natürlich Ausnahmen. Aber man muß sich auch klare Regeln auferlegen, sonst nimmt die Arbeit immer mehr Raum ein und macht ein gutes Privatleben unmöglich. Es braucht Tabuzeiten, die man sich auch von der Firma nicht nehmen läßt. Neulich erzählte mir jemand, daß der Chef des Unternehmens, bei dem er arbeitet, seinen Stellvertreter wie einen Sklaven behandelt. Er meint, er könne über dessen Zeit verfügen. Wenn der Stellvertreter sagt, daß er an diesem Abend einen Theaterbesuch geplant hat, sieht der Chef das schon als Affront. Nach seiner Meinung muß der Mitarbeiter immer für die Firma bereitstehen. Das ist keine Unternehmenskultur, sondern Rückfall in die Sklavenhalterei. Für den Stellvertreter ist es nicht einfach, mit dieser Mentalität umzugehen. Er möchte ja seinen Job nicht verlieren. Auf der anderen Seite möchte er aber auch seine Selbstachtung nicht verspielen.

Um einen Ausgleich zwischen Privatleben und Arbeit zu finden, ist es wichtig, die Woche klar zu strukturieren und private Zeiten genauso zu reservieren wie Arbeitszeiten. Wenn der Lebensgefährte beziehungsweise die Lebensgefährtin weiß, daß dieser oder jener Abend von der Arbeit belegt ist, können diese durchaus damit leben, wenn sie sich dafür auf einen gemeinsamen freien Abend freuen können. Und es ist auch wichtig, das Wochenende frei zu halten. Allerdings darf man nicht in den Fehler verfallen, das Wochenende zu sehr zu verplanen, es mit (gemeinsamen) Aktivitäten vollzustopfen. Sonst dient es wieder nicht der Erholung, sondern verstärkt den Streß. Die Zeit, die man für die Familie hat, ist immer begrenzt. Damit muß eine Führungskraft leben. Entscheidend ist, daß die Familie sich auf diese begrenzte Zeit verlassen kann und daß der oder die Berufstätige in dieser Zeit auch wirklich präsent ist. Wenn auch dann der Kopf noch mit der Arbeit belegt ist, hat die Familie nichts von diesem. Es braucht also nicht nur die Zeit, sondern auch die Qualität einer Präsenz. Man vermag nur ganz gegenwärtig zu sein, wenn man von der Arbeit abschalten und die Probleme der Firma beiseite legen kann. Rituale sind da eine wichtige Hilfe, die Arbeit loszulassen und sich auf die Familie einzulassen. Aber es braucht auch die bewußte Entscheidung für das Privatleben: Ich will wirklich Partner oder Partnerin, Vater oder Mutter sein und nicht nur für kurze Zeit diese Rolle spielen.

Häufig läßt sich beobachten, daß gerade kleine Kinder es leichter schaffen, den Vater von seiner Arbeit wegzubringen. Sie nehmen ihn in ihr Spiel hinein, hängen sich an ihn. Wenn der Vater sich auf das Spiel der Kinder einläßt, dann fühlt er sich lebendig, und die Probleme der Arbeit fallen von ihm ab. Leider reagieren Väter in vielen Fällen unwillig, wenn sich die Kinder an sie hängen. Sie merken gar nicht, wie sie das Kind verletzen. Es möchte die Nähe des Vaters spüren, doch es erfährt nur Ablehnung und Kühle. In jedem Alter sind die Kinder eine andere Herausforderung für den Vater. Wenn sie älter werden, werden sie den Vater kritisch betrachten. Sie werfen ihm vor, daß er sich hinter der Arbeit versteckt und gar nicht zuhört. Oder sie reagieren verletzt und ziehen sich zurück. Wenn der Vater zu sehr in seiner Arbeit lebt, wird er das übersehen. Er hat keine Lust, sich auf die komplizierte Seele seiner Kinder einzulassen und sich ihren Frustrationen und Vorwürfen zu stellen. Doch damit entfremdet er sich immer mehr – ein Bruch, der sich nur schwer heilen läßt.

Ähnliches gilt natürlich auch für die berufstätige Mutter. Mütter haben oft ein schlechtes Gewissen, daß sie zuwenig für die Kinder da sind. Und manchmal nutzen die Kinder dieses schlechte Gewissen aus, um alles von ihnen zu bekommen. Doch das ist weder für die Mutter noch für die Kinder gut. Die Mutter darf sich selbst nicht überfordern, aber sie braucht ein gutes Gespür für ihre eigenen Reaktionen. Wenn sie auf jedes

Problem der Kinder gereizt reagiert, muß sie besser für sich sorgen. Sie muß lernen, die Arbeit innerlich besser loszulassen. Nur so kann sie sich bewußt auf die Kinder einstellen. Auch da braucht es vor allem den Glauben an den guten Kern in den Kindern. Wenn ich mit der Einstellung heimkomme, daß ich erschöpft bin und jetzt Erholung brauche, dann regt mich sofort auf, wenn die Kinder nicht so pflegeleicht sind, sondern gerade ihre Launen haben. Wenn ich mich aber nach der Arbeit auf die Kinder freue, werde ich ihnen anders begegnen. Dann wird das Zuhören keine Anstrengung sein. Ich werde es gerne tun. Und indem ich mich offen auf die Kinder einlasse, vermag ich auch mehr Abstand zur Arbeit zu finden. Es kommt nicht nur auf die Zeit an, die die Mutter mit den Kindern verbringt, sondern vor allem auf die Qualität dieser Zeit. Und die hängt von der Einstellung ab. Wenn mir alles zuviel wird, dann reagiere ich aggressiv auf alle Wünsche der Kinder, auf ihre Launen und auf ihre Langsamkeit. Wenn ich mich aber auf das Geheimnis jedes einzelnen Kindes freue und offen bin für das, was gerade im Kind vorgeht, dann tut mir die Begegnung mit ihnen selbst gut. Sie bringt mich mit dem Leben in Berührung. Und das hilft mir, die Arbeit loszulassen.

Es ist heute nicht immer leicht, eine gute Balance zwischen Familie und Beruf zu finden, weder für den Vater noch für die Mutter. Es gibt da keine Patentregeln. Jeder muß selbst herausfinden, was für ihn stimmt. Dabei muß man auf seine Gefühle achten. Immer wenn man gereizt, hektisch, unruhig ist, ist das ein Alarmzeichen, daß man an seiner Balance arbeiten muß.

Werden Gefühle zu lange verdrängt, werden sie sich im Körper als gesundheitliche Beschwerden melden, oder aber man gerät in eine innere Verhärtung und Unzufriedenheit hinein. Oft merkt man dann zu spät, daß es so nicht weitergeht. Wer dagegen sein privates Umfeld, seinen Lebensgefährten, seinen Freundeskreis, seine Familie als Herausforderung sieht, ganz Mensch zu sein, mit allen Gefühlen und Bedürfnissen, mit seiner Alltäglichkeit und Durchschnittlichkeit, der wird seine Familie als eine verläßliche Quelle für die Energie erleben, die er für die Arbeit braucht. Er wird durch die Probleme im Beruf nicht völlig aus der Bahn geworfen, denn er weiß sich daheim angenommen und gestützt. Und er versteht sich nicht nur als Verantwortlicher im Beruf, sondern als Partner, Vater und Mutter.

Sprache

»Deine Sprache verrät dich«, sagt die Magd zu Petrus. Sie meint damit seinen galiläischen Dialekt. Doch hinter diesem Satz verbirgt sich mehr. Unsere Sprache verrät auch unsere Einstellung. Dolf Sternberger schreibt in seiner Einleitung von der Sprache: »Soviel und welche Sprache einer spricht, soviel und solche Sache, Welt oder Natur ist ihm erschlossen. Und jedes Wort, das er redet, wandelt die Welt, worin er sich bewegt, wandelt ihn selbst und seinen Ort in dieser Welt. Darum ist nichts gleichgültig an der Sprache.« (Sternberger, Aus dem Wörterbuch des Unmenschen, S. 9)

Viele Führungskräfte haben nie gelernt, sorgfältig auf ihre Sprache zu achten. Doch die Sprache prägt die Atmosphäre. In Unternehmen wird oft eine kalte Sprache gesprochen. Da werden Gefühle verdrängt, und vor lauter Sachlichkeit geht die Beziehungsebene oft komplett verloren. Die Sprache schafft hier keine Beziehung mehr. Sie ist nicht mehr Ausdruck von Emotionen, sondern vermittelt nur noch Sachverhalte. Doch wer meint, er würde rein sachlich sprechen, der merkt gar nicht, wie seine Sprache immer auch etwas anderes vermittelt, etwa Kälte, Beziehungslosigkeit, Herrschaftsdenken und Aggression.

Zudem hat sich in vielen Firmen eine ganz eigene Sprache entwickelt. Fast jeder spricht heute davon, daß seine Firma gut aufgestellt ist, daß die erhöhten Energiekosten bereits in die Verkaufsangebote eingepreist sind, daß die Firma mit ihrer Strategie kurzfristig auf Erfolgskurs ist. Wenn ich manche Manager reden höre, spüre ich die Leere der Sprache heraus. Es ist eine

Floskelsprache geworden, die alle reden, die aber trotzdem oft inhaltsleer ist und hohl klingt. Man verschanzt sich hinter leeren Worthülsen. Alle reden so – also muß es wohl stimmen. Aber was man mit diesen Floskeln eigentlich sagen möchte, das wissen viele gar nicht. In der Sprache kann man wohnen. Doch wenn man in einer aggressiven und leeren Sprache wohnt, fühlt man sich nicht daheim. Da wird es in der Firma immer unbehaglicher.

Ebenso wird in manchen Vorstandssitzungen eine sehr aggressive, ja eine kriegerische Sprache gesprochen. Da werden die Konkurrenten aus dem Feld geworfen, da müssen die Anordnungen durchgesetzt und durchgeführt werden, Widerstände in der Firma müssen überwunden werden, Mitarbeiter, die eine kritische Einstellung zu den Vorhaben des Vorstands haben, werden zu Feinden, die man besiegen muß. Mitarbeiter werden als »fernerhin untragbar« oder »eben noch tragbar« eingestuft. Diese aggressive Sprache prägt natürlich auch die Atmosphäre in einer Firma. Man braucht sich nicht zu wundern, daß immer mehr Mitarbeiter krank werden oder sich gegen die Aggressivität um sich herum schützen, indem sie sich auf ihre Arbeit zurückziehen und niemanden an sich heranlassen. Und wenn auch in Zielvereinbarungsgesprächen oder wenn es darum geht, einen Konflikt aus der Welt zu schaffen, diese kalte und aggressive Sprache gesprochen wird, dann erreicht man bei den Mitarbeitern erst recht nichts, sondern kann nur Widerstand hervorrufen.

Eine gute Sprache ist nicht nur ein Trick, den man als Führungsinstrument anwenden kann. In der Sprache offenbart sich der Mensch. Daher ist es wichtig, auf die Sprache zu achten und zu spüren, was von einem ausgeht. Dabei kommt es nicht nur auf die Worte an, die man sagt, sondern auch auf die Stimme. Es gibt Stimmen, die Vertrauen wecken, und es gibt Stimmen, denen man die Kälte, die innere Zerrissenheit oder die Menschenverachtung anmerkt. Die Stimme bestimmt die Stimmung. Man kann mit einer aggressiven oder zynischen Stimme keine Atmosphäre des Vertrauens schaffen.

Natürlich kann man die eigene Stimme nicht einfach so und sofort verändern. Hier bräuchte es unter Umständen professionelle Schulung. Aber da wir die Botschaft, die wir den Mitarbeitern vermitteln, mit dem Klang unserer Stimme und mit unserer Sprache zum Ausdruck bringen, müssen wir mit diesem wichtigsten Führungsinstrument sorgfältiger umgehen, als es weithin in den Unternehmen geschieht. Viele Gespräche scheitern, weil die Sprache spaltet, anstatt zu verbinden, weil sie verwirrt, anstatt zu klären, weil sie angreift, anstatt dazu einzuladen, gemeinsam zu denken und zu handeln.

Manager verwenden die Sprache oft als Instrument der Beeinflussung. Wittgenstein nennt das die Verhexung des Verstands, wenn die Sprache nur noch als Mittel zum Zweck eingesetzt wird. Viele Vertreter, die etwas verkaufen wollen, haben in Seminaren gelernt, wie sie mit ihrer Sprache umgehen sollen. Aber wenn ich mit Vertretern spreche, merke ich, ob sie nur eine Sprache sprechen, die möglichst effektiv ihr Produkt verkauft, oder eine Sprache, in der ich sie selbst spüren kann. Wenn ich merke, daß der andere sich hinter seiner Verkaufsstrategie versteckt und mir ein Loch in den Bauch redet, ohne daß ich ihn als Person wahrnehme, dann werde ich so einem Vertreter kaum etwas abkaufen. Die Sprache ist mir zu glatt. Ich spüre den Menschen nicht. Und wenn ich den Menschen nicht spüre, dann habe ich auch kein Vertrauen zu dem, was er anpreist.

Aber wie soll man an seiner Sprache arbeiten? Zunächst sollte man sich vorstellen, ob man das, was man gerade zu einem Kunden oder einem Mitarbeiter sagt, genau so auch zu seiner Frau beziehungsweise zu seinem Mann, seinen Kindern oder seinen Freunden sagen würde. Dadurch merkt man meist schnell, wie hohl oder künstlich Worte oft klingen, und man findet von allein zu natürlicheren Worten zurück. Ferner kann Sprache natürlich auch trainiert werden: Ich kann darauf achten, ob ich immer unpersönliche Formeln und Allgemeinplätze verwende und mich dahinter verstecke, ob ich meine Formulierungen positiv oder negativ wähle, ob ich aggressive Redewendungen benutze. Ein Manager kann beispielsweise zu einem Mitarbeiter sagen: »Ich habe ein Attentat auf Sie vor.« oder aber: »Können Sie mir bitte einen Gefallen erweisen.« Oft benutzen wir solche Redewendungen unbewußt. Wir merken gar nicht, wieviel Aggressivität und Menschenverachtung hinter manchen in Firmen üblichen Floskeln steckt. Generell erzeugt Sprache aber immer auch eine bestimmte Atmosphäre – eine, in der ich mich wohl fühle, in der mir das Wesen der Dinge aufleuchtet, oder aber eine, die nur oberflächlich ist, die die Wirklichkeit verstellt. Es ist sicher ein wichtiger Bereich, hier anzusetzen und an einer guten Sprache, die dann wiederum zum Gelingen der Kommunikation beiträgt, zu arbeiten. Eigene Sprachtrainings für Manager können hier eine wertvolle Hilfe sein.

Werte

Die Betriebswirtschaft hat die Werte neu entdeckt. Dabei denkt sie nicht nur an die ökonomischen Werte, an die Wertschöpfung durch Arbeit, sondern an die ethischen Werte, die unser Handeln wertvoll machen. Werte sind Leitbilder für unser Handeln. Man spricht heute vom Wertewandel: Nicht mehr die vier Kardinaltugenden, die seit Aristoteles unser Handeln bestimmen, stehen im Mittelpunkt, sondern Werte wie Freiheit, Selbstbestimmung, Selbstverantwortlichkeit und Glück. Dennoch haben die klassischen Werte wie Gerechtigkeit, Tapferkeit, Maß und Klugheit nach wie vor ihre Gültigkeit. Dazu treten Werte, die erst in den letzten Jahren in den Mittelpunkt der Wertediskussion getreten sind, wie Toleranz, Nachhaltigkeit und Solidarität. All diese Werte fördern die Menschlichkeit.

Viele Unternehmen setzen heute auf Werte und Wertbewußtsein. In ihren Leitlinien haben sie die Werte auf Hochglanzpapier festgehalten und nehmen für sich in Anspruch, sie zu verwirklichen. Doch die Realität sieht oft anders aus. Mitarbeiter, die sich wirklich an die Werte halten, die sich das Unternehmen auf seine Fahnen geschrieben hat, werden oft belächelt oder erleben den Widerstand der Geschäftsleitung.

Daß die Menschheit gemeinsame Werte braucht, um zu überleben, hat die Diskussion um ein Weltethos deutlich gezeigt, die Hans Küng angestoßen hat. Doch wir dürfen über Werte nicht mit erhobenem Zeigefinger sprechen. Wer moralisierend die Einhaltung der Werte einklagt, erzeugt oft nur ein schlechtes Gewissen und Abwehr. Für mich ist es wichtig, daß die Werte als Hilfen für mein berufliches Handeln gesehen werden. Werte machen ein Leben wertvoll. Das englische Wort für Wert, »value«, kommt von »valere« = »kräftig sein, gesund sein«. Werte sind also Kraftquellen für mein Leben. Sie sind Voraussetzungen dafür, daß ich gesund leben kann – meinem Wesen entsprechend. Die objektiven Werte wie Gerechtigkeit, Freiheit, Wahrheit, Würde des Menschen, Tapferkeit, Maß, Klugheit, Treue, Mitmenschlichkeit, Lebensqualität können mir Orientierung schenken.

Daneben gibt es die subjektiven Werte, die für einen einzelnen besonders wichtig sind. Natürlich können wir nicht alle Werte auf einmal verwirklichen. Jeder hat seine Lieblingswerte, die ihn zum Handeln anspornen und die sein Leben wertvoll machen. Auch wenn sich heute alle Betriebswirtschaftler einig sind, daß wir ohne Werte nicht auskommen, ist es für den einzelnen nicht immer leicht, sich an die ihm wichtigen Werte zu halten. Oft genug stuft das Unternehmen die eigenen Erwartungen an die Mitarbeiter als wichtiger ein. Da braucht es ein starkes Rückgrat, um sich nicht von den Erwartungen des Unternehmens verbiegen zu lassen.

Werte geben meinem Leben Sinn, ohne Werte wird das Leben sinnlos. Und Sinnlosigkeit demotiviert. Wir brauchen Leitbilder, die uns motivieren, die in uns die Lust wecken, an dieser Welt zu arbeiten. Sie bieten uns eine Perspektive und lassen uns über den engen Horizont der täglichen Probleme hinausblicken auf das Ziel, das wir anstreben. Werte sind klare Kraftquellen, die mir nicht nur Orientierung, sondern auch Energie spenden. Werte erzeugen Lust am Handeln. Wenn ich etwa weiß, daß meine Firma nachhaltig arbeitet, werde ich mich gerne dafür engagieren. Ich sehe einen Sinn darin und arbeite nicht nur für mich und meinen unmittelbaren Erfolg, sondern für die nachkommende Generation. Ich schone die Ressourcen dieser Welt und leiste einen Beitrag für eine menschlichere Welt.

Neulich wurde ich zu einem Symposium eingeladen, das unter dem Thema stand »Wertschöpfung durch Wertschätzung«.

Offensichtlich gingen die Veranstalter davon aus, daß der, der die ethischen Werte hochschätzt und befolgt, damit auch finanzielle Werte schöpft, daß sich letztlich also die Beachtung der Werte auch wirtschaftlich auszahlt. Das bedeutet nicht, daß die Werte zum ökonomischen Zweck werden. Werte stehen höher als der Gewinn. Wenn ich jedoch von der Fixierung auf den größtmöglichen Erfolg wegkomme und die Werte bei meinem Tun beachte, werde ich auf Dauer mehr Erfolg haben. Die Wertschöpfung wird größer sein. Allerdings muß man hierbei von allzu kurzfristigem Denken absehen. Kurzfristig nimmt man Nachteile in Kauf, wenn man sich an Werte wie Fairneß und Ehrlichkeit hält. Auf Dauer aber wird es sich auszahlen, denn die Kunden spüren, ob sie es mit einem Unternehmen zu tun haben, das ihre Werte nur der Werbung wegen auf ihre Fahnen geschrieben hat, oder aber um ein Unternehmen, das hält, was es verspricht. Im Umgang mit den Mitarbeitern erleben die Kunden, daß hier der Mensch wirklich geachtet wird, daß es hier nicht nur um das kurze Geschäft geht, sondern um eine Kultur des Miteinanders, um eine Kultur der Arbeit und um eine Humanisierung dieser Welt. Wenn eine Firma die menschlichen Werte befolgt, leistet sie einen wichtigen Beitrag, daß diese Welt menschlicher und freundlicher wird. Wenn die Mitarbeiter des Unternehmens eine Kultur der Menschlichkeit ausstrahlen, sind sie auf Dauer motivierter bei ihrer Arbeit.

Viele haben Angst, daß die zunehmende Globalisierung den Wettbewerb immer härter und unmenschlicher werden läßt. Wenn es bei der Globalisierung nur um den wirtschaftlichen Erfolg geht, ohne daß Werte berücksichtigt werden, wird diese Welt auch immer kälter und unmenschlicher. Benediktinische Schulen in aller Welt haben sich daher als Programm gesetzt, die Globalisierung zu humanisieren und die Humanität zu globalisieren. Das wäre durchaus ein gutes Programm für jedes Unternehmen, das heute weltweit tätig ist.

Berufliches Handeln
als spirituelle Herausforderung

Ich habe mir die Aufgabe des Cellerars nicht selbst gewählt. Es war Gehorsam, mich auf dieses Amt einzulassen. Inzwischen sehe ich in dieser Aufgabe eine große spirituelle Herausforderung. Führen, mit Konflikten umgehen, die eigenen Ängste entdecken, auf die Entwicklung in der Gesellschaft, auf die Bedürfnisse der Menschen und auf mich selbst zu achten, das ist eine wahrhaft spirituelle Aufgabe. Das Führen konfrontiert mich radikal mit mir selbst. Ich lerne mich mit allen Schattenseiten kennen. Wer sich ehrlich auf die Führungsaufgabe einläßt, dem vergeht das Moralisieren. Er merkt, daß er alle Tendenzen in sich trägt, die er bei anderen gerne verurteilen möchte: die Tendenz zur Lüge, zum Betrug, zum Unrecht, zur Härte, zur Eifersucht. Es braucht Demut, all diese Tendenzen der eigenen Seele anzuschauen und anzunehmen, ohne sie auszuleben. In dieser Demut werde ich auch barmherzig mit den Mitmenschen. Ich stelle mich nicht über sie, sondern verstehe sie in ihren Fehlern und Schwächen, mit ihren Strategien, den eigenen Vorteil zu erkämpfen.

Führung als spirituelle Aufgabe hat für mich verschiedene Aspekte. Der erste Aspekt bezieht sich auf die Selbstbegegnung und Selbsterkenntnis. Wenn ich andere Menschen führe, bin ich herausgefordert, mich selbst gut zu führen. Dazu gehört, daß ich mich aussöhne mit mir. Wenn ich im Einklang bin mit mir selbst, werde ich meine verdrängten Schattenseiten nicht mehr auf die Mitarbeiter projizieren. Diese Aussöhnung geschieht nicht ein für allemal. Vielmehr werde ich durch die täglichen Auseinandersetzungen und durch die Begegnung mit unzufriedenen und in sich zerrissenen Mitarbeitern immer wieder auf meine Schattenseiten hingewiesen. Wenn mich ein Mitarbeiter aufregt, entdecke ich, daß er mich an Seiten erinnert, die ich in mir selbst noch nicht angenommen habe. Hermann Hesse meint dazu einmal: »Was nicht in uns ist, das regt uns auch nicht auf.« Ich rege mich nur über das auf, was ich in mir selbst ähnlich erlebe, was ich aber lieber verdränge. Täglich werde ich so mit mir und meiner Wahrheit konfrontiert. Das macht demütig. Ich stelle mich nicht über andere und merke, daß ich noch viel an mir arbeiten muß, denn ich bin noch lange nicht gelassen und innerlich ruhig. Es gibt noch vieles, was ich nicht so gerne sehe.

Ein anderer Aspekt der spirituellen Aufgabe besteht für mich darin, daß ich beim Führen immer wieder auf meinen spirituellen Weg verwiesen werde. Die Probleme bei der Arbeit fordern mich heraus, mir Zeit zu nehmen für Gebet und Meditation, für Stille und Rückzug, für Privates. In der Meditation komme ich mit der Quelle in Berührung, aus der ich schöpfe. Es ist die Quelle des Heiligen Geistes. Sie ist größer als meine eigene Kraft und als die Ressourcen, die mir von meinen Eltern her vermittelt wurden. Es gibt in mir eine Quelle, die nie versiegt, weil sie göttlich ist. Sie ist immer in mir, aber ich bin oft genug von ihr abgeschnitten. So brauche ich Orte der Stille und des Rückzugs, um immer wieder neu mit dieser Quelle in Berührung zu kommen, damit sie meinen Leib und meine Seele durchströmt. Wenn ich aus dieser Quelle schöpfe, werde ich nicht so leicht erschöpft. Wenn ich mich ausgelaugt fühle, ist es immer ein klares Zeichen, daß ich aus einer trüben Quelle schöpfe, aus der Quelle des eigenen Ehrgeizes oder des Drangs, mich vor anderen oder vor mir beweisen zu müssen.

Die Meditation ist für mich aber auch ein wichtiger Ort, an dem ich meine Emotionen reinige. Ich merke, daß mich die Arbeit immer wieder mit den Emotionen beschmutzt, die von außen auf mich einströmen. Da gibt es verdeckte Konflikte und Spannungen, Vorurteile zwischen den Mitarbeitern, Ressentiments und Kränkungen. Wenn ich nicht aufpasse, dann nehme ich den unklaren Emotionsbrei meiner Umgebung in mich auf. Das trübt mein Denken und Fühlen. Ich denke nicht mehr klar und sehe die Dinge nicht mehr, wie sie sind, sondern nur durch die getrübte Brille meiner verschmutzten Emotionen. Da ist es für mich wichtig, in der Meditation und im Gebet die Emotionen zu reinigen. Gerade auch das Stundengebet mit den Psalmen hilft mir, klarer zu sehen. In den Psalmen werden die Emotionen von Haß und Eifersucht, von Wut und Kränkung, von Neid und Enttäuschung ausgesprochen und Gott hingehalten. Indem ich sie ausspreche, bekomme ich Abstand zu ihnen. Nach einer halben Stunde Psalmensingen fühle ich mich innerlich wieder aufgeräumt und gereinigt.

Ein weiterer Aspekt der spirituellen Aufgabe besteht für mich darin, mit mir selbst in Berührung zu kommen und bei mir selbst zu sein. Je mehr ich bei mir bin, desto weniger lasse ich mich von Menschen unter Druck setzen, desto weniger lasse ich mir von anderen die Spielregeln für mein Verhalten aufdrängen. In Gesprächen erlebe ich immer wieder, daß es eines der größten Probleme für beruflich Verantwortliche ist, daß sie sich von bestimmten Kollegen oder Mitarbeitern aus ihrer Mitte reißen lassen. Bevor sie richtig überlegen, hat der andere schon Macht über sie gewonnen. Sie agieren dann nicht mehr, sondern reagieren nur noch. Und später ärgern sie sich, daß sie nicht bei sich waren. Gebet und Meditation sind Hilfen, in Berührung mit sich selbst zu sein. Wenn ich vor einem Gespräch oder einer Sitzung meditiere und bei mir selbst bin, werde ich das Gespräch leiten und mir nicht von anderen die Spielregeln aufzwingen lassen.

Den vierten Aspekt der spirituellen Herausforderung sehe ich darin, in meiner Führungsaufgabe innere Haltungen zu entfalten, wie sie die Bibel mir immer wieder vor Augen führt. Die neun Früchte des Geistes, die Paulus im Galaterbrief aufzählt, sind Haltungen, die erst eine gute Führung ermöglichen. Es sind

Gaben des Heiligen Geistes, aber zugleich auch Herausforderungen, mich in die Richtung dieser Gaben zu bewegen und an mir zu arbeiten, damit der Heilige Geist in mir diese Früchte hervorbringen kann: »Die Frucht des Geistes aber ist Liebe, Freude, Friede, Langmut, Freundlichkeit, Güte, Treue, Sanftmut und Selbstbeherrschung.« (Gal 5,22 f) Wenn ich meine Mitarbeiter nicht in diesem Sinne liebe, dann vermag ich sie auch nicht zu führen. Um meine Aufgabe gerne zu erfüllen, brauche ich aber die Freude an der Arbeit und an den Fähigkeiten meiner Mitarbeiter. Diese Freude ist wie eine Quelle, die mir Kraft gibt für meine Arbeit. Langmut meint ein weites Herz. Das weite Herz bewahrt mich davor, mich über jede Kleinigkeit aufzuregen. Freundlichkeit, Güte und Sanftmut nehmen der Führung die Härte und Aggressivität. Sie bewirken in den Mitarbeitern mehr als jede noch so klug ausgedachte Kontrolle. Treue meint Zuverlässigkeit. Die Mitarbeiter müssen sich auf mich verlassen können. Und die Führungsaufgabe zwingt mich, ständig an mir zu arbeiten, daß ich mich selbst beherrsche, anstatt von den Emotionen um mich herum beherrscht zu werden. So verstehe ich meine Arbeit als beständigen Wachstumsprozeß. Ich darf vertrauen, daß Gott durch seinen Geist die Früchte in mir hervorbringt, die Paulus aufgezählt hat. Aber es bedarf auch meiner eigenen Mitarbeit. Die Früchte sind wie Ziele, die ich anstrebe, und wie Herausforderungen, mich auf den Weg in diese Richtung zu machen. Ich kann mir nie sagen: Jetzt führst du gut. Jetzt bist du ein reifer und in sich ruhender Chef. Täglich werde ich neu mit meinen Schattenseiten und Schwächen konfrontiert. Täglich wird mir aufgedeckt, daß ich den Früchten des Geistes nicht entspreche. Ich reagiere jedoch nicht enttäuscht auf diese Erfahrung, sondern mit Demut. Demut ist für mich der Mut zur Wahrheit. Meine Wahrheit ist noch lange nicht so, wie ich sie gerne hätte. Die Demut lädt mich aber ein, immer wieder neu an mir zu arbeiten und meine Schattenseiten Gott hinzuhalten, damit er in mir die Früchte seines Geistes zur Blüte bringt.

Für den hl. Benedikt geht derjenige einen guten spirituellen Weg, der seinen Dienst gut verrichtet. Die Führungsaufgabe ist ein Dienst an den und für die Menschen und letztlich für Gott. Ich werde immer wieder herausgefordert, das Kreisen um mich selbst loszulassen und mich auf die konkreten Menschen einzulassen, mit denen ich zusammenarbeite. Bei diesem Einlassen werde ich immer wieder vor die Frage gestellt, ob es mir in meiner Aufgabe um mich und meinen Erfolg geht oder um das Ganze, um die Lebendigkeit der Menschen und natürlich auch um den Erfolg des Unternehmens. Aber das Unternehmen ist mehr als ich selbst. Ich stelle mich in seinen Dienst, und zwar nicht kurzfristig, um damit zu glänzen, sondern langfristig. Und das ist ein demütiger Dienst, den man jahrelang vielleicht gar nicht bemerkt, der aber doch so notwendig ist, damit die Menschen auf Dauer gerne in diesem Unternehmen arbeiten. Ich muß mich immer wieder mit Menschen beschäftigen, die verwundet sind, die oft schwierig sind, krank oder ihre Probleme auf mich projizieren. Daran nicht bitter zu werden, sondern daran zu arbeiten, daß sich in diesen Menschen etwas aufhellt und sie heiler werden, ist eine spirituelle Herausforderung. Sie verlangt Selbstlosigkeit und letztlich Liebe. Die Liebe, die ich den Mitarbeitern erweise, ist eine sehr nüchterne Liebe. Sie hat nichts mit romantischen Gefühlen zu tun, sondern mit der Bereitschaft, täglich von neuem ja zu sagen zu den konkreten Mitarbeitern, die mir zur Seite gestellt sind. Es ist eine dienende Liebe. Letztlich spüre ich, daß mich die Führungsaufgabe immer wieder vor die Aufgabe stellt, den Menschen zu dienen und mich selbst ganz und gar in den Dienst Gottes zu stellen.

Dienen heißt für mich: Leben hervorlocken in den Menschen, dem Leben dienen, das in ihnen aufblühen möchte. Es ist ein selbstloser Dienst. Aber es ist auch ein Dienst, für den ich immer wieder dankbar sein darf. Wenn ich sehe, wie ein Mitarbeiter Freude hat an seiner Arbeit, wenn jemand aufgerichtet von mir weggeht, dann spüre ich: Es lohnt sich, sich auf den Dienst des Führens einzulassen. Ich werde selbst beschenkt, wenn Leben in den Menschen geweckt wird.

Ein fünfter Aspekt der geistlichen Dimension des Führens besteht für mich darin, mein weltliches Tun geistlich zu durchdringen. Das heißt nicht, daß ich alles, was ich tue, mit einem frommen Mantel umkleide. Vielmehr übe ich in der Klarheit meiner Arbeit, in der Sachlichkeit, in der Zuverlässigkeit und im Dienen die wohl wichtigste Haltung des spirituellen Weges ein: die Selbstlosigkeit, das Loslassen des Ego, oder wie Jesus es in seinem Wort von der Nachfolge ausdrückt: die Selbstverleugnung. Mit Selbstverleugnung meint Jesus nicht, daß man sein Selbst verbiegt oder aufgibt. Vielmehr geht es darum, immer wieder Abstand zu bekommen zu seinem Ego, das alles nur für sich will und nur um sich kreist. C. G. Jung unterscheidet zwischen Ego und Selbst. Das Ego bläht auf. Es will imponieren. Wenn ich mit meiner Führungsaufgabe imponieren möchte, dann bin ich in mir selbst gefangen. Und ich werde keine Frucht bringen. Nur wenn ich aus der innersten Mitte heraus arbeite – das ist für C. G. Jung das Selbst –, wird meine Arbeit Frucht bringen. Das griechische Wort »aparneistai« = »verleugnen« meint eigentlich: »nein sagen, Widerstand leisten, Abstand bekommen«. Meine Arbeit fordert mich heraus, immer wieder Abstand zu bekommen zu meinem Ego, das alles für sich haben will, das auch die Führungsaufgabe dazu mißbraucht, selber besser dazustehen. Die Tendenz, sich als Führer über die anderen zu stellen und so im Ego verhaftet zu bleiben, spüre ich immer wieder. Daher sehe ich es als tägliche Einübung an, nein zu sagen zu dieser inneren Tendenz. Und in diesem Neinsagen, in dieser Selbstverleugnung übe ich mich in den Geist Jesu ein, der das, was er von uns fordert, selbst praktiziert hat.

Selbstverleugnung ist nur die eine Seite der Medaille. Die andere nennt der hl. Benedikt im Kapitel über die Handwerker und Künstler im Kloster: Gott verherrlichen. Benedikt mahnt die Handwerker im Kloster, daß sie sich nicht über die anderen

Brüder stellen und sich nichts auf ihre Kunstfertigkeit einbilden sollen. Sie sollen sich auch nicht damit rühmen, daß sie für das Kloster viel Geld verdienen. Daher sollen sie ihre Waren billiger verkaufen, »damit in allem Gott verherrlicht werde« (RB 57). Benedikt bezieht sich hier auf eine Stelle aus dem 1. Petrusbrief: »Wer redet, der rede mit den Worten, die Gott ihm gibt; wer dient, der diene aus der Kraft, die Gott verleiht. So wird in allem Gott verherrlicht durch Jesus Christus.« (1 Petr 4,11) Er ist überzeugt, daß wir alles, was wir tun, der Kraft Gottes verdanken. Unsere Führungsaufgabe soll also aus den Fähigkeiten heraus geschehen, die Gott uns schenkt. Wenn Gottes Geist in meiner konkreten Art und Weise, wie ich führe, sichtbar wird, dann wird Gott in meiner Arbeit verherrlicht. Dann geht es nicht um den eigenen Ruhm, um den eigenen Erfolg, sondern um die Herrlichkeit Gottes.

Es klingt für manchen wohl sehr fromm, daß in meiner Arbeit Gott verherrlicht wird. Aber man kann es der Arbeit anmerken, ob der Arbeitende sich selbst oder Gott verherrlicht. Wenn er um sich kreist, dann hat die Arbeit etwas Ichhaftes an sich. Man spürt ihr an, daß alles vom Ego erfüllt ist, daß man sich überall selbst anpreist und herausstellt, wie gut man führt. Wer Gott in seiner Führungsaufgabe verherrlicht, der stellt sich selbst zurück. Er tritt in den Hintergrund. Er läßt geschehen. Und seine Führungsaufgabe bekommt etwas Leichtes, Durchlässiges, Klares und Selbstloses. Doch auch diese Selbstlosigkeit ist nicht einfach da. Es bedarf der ständigen Übung und Achtsamkeit, daß meine Arbeit nicht mit dem Ego vermischt und getrübt wird, sondern Gottes Herrlichkeit widerspiegelt. So ist die Führungsaufgabe eine beständige Einübung in die wohl entscheidende christliche Haltung: Gott die Ehre geben und sich selbst in den Dienst Gottes und der Menschen stellen.

Literatur

Affemann, Rudolf: Schuld, Schulderfahrung und Gewissen. Ein Gespräch mit dem Stuttgarter Psychotherapeuten, Herder Korrespondenz 27 (1973), S. 131–137.

Grün, Anselm: Menschen führen – Leben wecken, Münsterschwarzach 1999, München 2006.

Grün, Anselm: Führen mit Werten, München 2003.

Nitzsche, Isabel: Erfolgreich durch Konflikte. Wie Frauen im Job Krisen managen, Hamburg 2001.

Sternberger, Dolf: Aus dem Wörterbuch des Unmenschen, Hamburg 1957.

Führen mit Werten

Anselm Grün, Friedrich Assländer
Spirituell führen
Mit Benedikt und der Bibel

196 Seiten, gebunden
ISBN 978-3-87868-083-3

Friedrich Assländer und Anselm Grün kennen seit vielen Jahren die Nöte von Menschen in beruflicher Verantwortung. Sie wenden sich in diesem Buch an Männer und Frauen, die christliche Führungstugenden im Berufsalltag anwenden möchten.

Ihr gemeinsames Buch vereint die praxisnahen Erkenntnisse aus dem Erfahrungsschatz des Unternehmensberaters mit den spirituellen Lösungsansätzen des Theologen, Mönchs und klösterlichen Wirtschaftsleiters. Es zeigt, wie Führen und Leiten heute möglich ist, ohne den einzelnen Menschen aus dem Blick zu verlieren.

Zahlreiche praktische Selbsttests und Übungen helfen, eine ehrliche Selbstwahrnehmung zu entwickeln und wichtige Tugenden wie Loyalität, Achtsamkeit und Selbstbeherrschung in den Berufsalltag zu integrieren.

Vier-Türme-Verlag
97359 Abtei Münsterschwarzach
Telefon 09324/20 292, Telefax: 09324/20 495
E-Mail: info@vier-tuerme.de
www.vier-tuerme-verlag.de